Alfabetização e letramento
na sala de aula

Maria Lúcia Castanheira
Francisca Izabel Pereira Maciel
Raquel Márcia Fontes Martins
(ORGANIZADORAS)

Alfabetização e letramento na sala de aula

Ceale* Centro de alfabetização, leitura e escrita
FaE / UFMG

autêntica

Copyright © 2007 by Ceale/FaE/UFMG

CONSELHO EDITORIAL
Magda Becker Soares (FaE-UFMG), Anne-Marie Chartier (INRP - Lion), Judith Green (University of California - Santa Barbara), Maria de Lourdes Dionísio (UMIHO - Braga), Elsie Rockwell (CINVESTAV - México), Cecília Goulart (UFF - Niterói), Maria Lúcia Castanheira (FaE-UFMG), Maria de Fátima Cardoso Gomes (FaE-UFMG), Ceris Salete Ribas da Silva (FaE-UFMG)

PROJETO GRÁFICO DE CAPA
Diogo Droschi

REVISÃO
Ana Carolina Lins Brandão

EDITORAÇÃO ELETRÔNICA
Conrado Esteves

Todos os direitos reservados pela Autêntica Editora. Nenhuma parte desta publicação poderá ser reproduzida, seja por meios mecânicos, eletrônicos, seja via cópia xerográfica sem a autorização prévia da editora.

AUTÊNTICA EDITORA LTDA.
Rua Aimorés, 981, 8º andar . Funcionários
30140-071 . Belo Horizonte . MG
Tel: (55 31) 3222 68 19
Televendas: 0800 283 13 22
www.autenticaeditora.com.br

**Dados Internacionais de Catalogação na Publicação (CIP)
(Câmara Brasileira do Livro, SP, Brasil)**

Alfabetização e letramento na sala de aula / Maria Lúcia Castanheira, Francisca Isabel Pereira Maciel, Raquel Márcia Fontes Martins, (organizadoras). – Belo Horizonte : Autêntica Editora : Ceale, 2008. – (Coleção Alfabetização e Letramento na Sala de Aula)

Bibliografia.
ISBN 978-85-7526-354-9

1. Alfabetização 2. Professores - Formação 3. Letramento I. Castanheira, Maria Lúcia. II. Maciel, Francisca Isabel Pereira. III. Martins, Raquel Márcia Fontes. IV. Série.

08-08621   CDD-410

Índices para catálogo sistemático:
1. Alfabetização e letramento : Lingüística   410

Sumário

Apresentação 7

Os conceitos de alfabetização e letramento e
os desafios da articulação entre teoria e prática 13
Francisca Izabel Pereira Maciel
Iara Silva Lúcio

O planejamento das práticas escolares
de alfabetização e letramento 35
Ceris S. Ribas da Silva

O registro da rotina do dia e a construção
de oportunidades de aprendizagem da escrita 59
Maria de Fátima Cardoso Gomes
Maira Tomayno de Melo Dias
Luciana Prazeres da Silva

Avaliação da leitura e da escrita nos primeiros
anos do Ensino Fundamental 75
Delaine Cafiero
Gladys Rocha

Letramento literário na sala de aula:
desafios e possibilidades 103
Aparecida Paiva
Paula Cristina de Almeida Rodrigues

As autoras 121

Apresentação

Para quem pesquisamos? Para que e para quem escrevemos?[1] Indagações como essas se aplicam a todos os campos do conhecimento; entretanto, assumem um significado especial para atores do campo educacional. A coleção Alfabetização e Letramento na Sala de Aula, iniciada pelo Centro de Alfabetização, Leitura e Escrita (Ceale), com o presente volume, apresenta uma das possibilidades, entre outras tantas, de resposta a essas questões.

Pesquisamos em busca de uma melhor compreensão dos processos de alfabetização e letramento, considerando as suas múltiplas facetas, a necessidade de integração de diferentes abordagens teóricas no estudo desses fenômenos e, por fim, mas não menos importante, os condicionantes sociais, econômicos e políticos constitutivos desses processos em diferentes esferas sociais, particularmente, na esfera escolar. Essa busca é orientada pela necessidade de contribuirmos para a construção da escola pública como um espaço no qual os alunos de diferentes camadas sociais possam ampliar

[1] Uma discussão sobre polêmicas e desafios gerados por essas questões pode ser encontrada em MOREIRA *et al.*, 2003.

o seu acesso e confirmar a sua permanência no mundo da escrita.

Pesquisamos a fim de contribuir para a produção de alternativas conceituais que possam subsidiar e (re)orientar as práticas pedagógicas, desenvolvidas no dia-a-dia das salas de aula de nossas escolas, de forma a modificar o atual (e já por muitos anos existente) quadro de fracasso e exclusão escolar e, particularmente, do mundo da escrita.

Escrevemos visando à socialização dos conhecimentos produzidos em nossos estudos com outros pesquisadores, estudantes de graduação e pós-graduação, professores, especialistas e administradores do sistema público de ensino, como possibilidade de mantermos vivas as chamas da indagação, da discussão e da reflexão sobre uma temática reconhecidamente crucial para a transformação de um mundo desigual e injusto na distribuição dos bens econômicos e culturais entre seus cidadãos. Por meio dessa socialização, oferecemos à crítica e à avaliação, por parte de nossos leitores, os resultados de análises e pesquisas propostas e geradas em diversas frentes de atuação político-educacional.

Esta nova coleção, mais uma vez, traz ao centro das discussões os fenômenos da alfabetização e do letramento; desta vez, entretanto, enfatizando as implicações dos conhecimentos produzidos sobre essa temática para a sala de aula, ou seja, para o que acontece (ou pode vir a acontecer!) nas interações estabelecidas entre professores e alunos que participam, cotidianamente, da construção de oportunidades de aprendizagem da leitura e da escrita.

Há muito tempo reconhecemos a natureza multifacetada dos processos de alfabetização e letramento, bem como a multiplicidade de aspectos constitutivos da vida cotidiana da sala de aula. É em razão desse reconhecimento que, neste primeiro volume da coleção, optamos por tratar algumas dessas facetas e alguns desses aspectos a partir de diferentes perspectivas de análise. Este primeiro volume deve ser visto como um pequeno painel da variedade de desafios com que nos deparamos em nossos estudos, na confluência das seguintes questões: "E daí? O que esses estudos têm a dizer sobre o espaço da sala de aula e aos que nele atuam direta ou indiretamente?".

A composição desse pequeno painel é iniciada pelo texto "Os conceitos de alfabetização e letramento e os desafios da articulação entre teoria e prática", de Francisca Izabel Pereira Maciel e Iara da Silva Lúcio, que aborda indagações feitas por professores sobre as implicações dos conceitos de alfabetização e letramento para a prática da sala de aula. Ao considerarem que a análise e a reflexão sobre a alfabetização na perspectiva do letramento são recentes no nosso país, as autoras discutem por que e como alfabetizar na perspectiva do letramento.

Em seguida, no texto "O planejamento das práticas escolares de alfabetização e letramento", Ceris S. Ribas da Silva traz à discussão a organização das práticas de alfabetização e letramento, considerando o planejamento como algo importante para o desenvolvimento de ações autônomas e efetivas dos profissionais da educação e, considerando ainda, que as questões que envolvem o fracasso na alfabetização das crianças passam, entre outros aspectos, pela reflexão sobre a organização das atividades de ensino na sala de aula. Nesse sentido, a autora aborda questões como: Que princípios articulam as atividades e os conteúdos a serem ensinados? Que formas de realização das atividades podem ser exploradas em sala de aula? Como definir as formas de participação dos alunos no planejamento?

No texto "O registro da rotina do dia e a construção de oportunidades de aprendizagem da escrita", Maria de Fátima Cardoso Gomes, Maira Tomayno de Melo Dias e Luciana Prazeres da Silva analisam um caso expressivo ocorrido em uma turma de alfabetização, durante o evento interacional Registro da Rotina do Dia. Nessa análise, as autoras refletem sobre como, no processo interacional em sala de aula, o uso e o conhecimento do gênero textual Agenda articulam-se ao estudo sobre características estruturais do sistema de escrita do português, no caso, a estrutura silábica das palavras. Dessa forma, elas demonstram a relação entre os processos de alfabetização e letramento, identificando oportunidades de aprendizagem da língua escrita, por meio da análise desse evento interacional.

Cada vez mais presentes no contexto educacional, as avaliações sistêmicas da aprendizagem se tornam objeto de estudo e discussão. Esse tema é abordado no texto "Avaliação da leitura e da escrita nos primeiros anos do ensino fundamental", por Delaine Cafieiro e Gladys Rocha, que discutem a avaliação da alfabetização externa à escola, como instrumento que possibilita, além de diagnosticar problemas de leitura e escrita, induzir ações e redirecionar trajetórias para garantir o direito a uma educação de qualidade, independentemente das condições econômicas e sociais de um dado grupo. As seguintes questões são discutidas nesse texto: Por que avaliar a alfabetização? Que habilidades de leitura e escrita os alunos desenvolvem já nas séries iniciais do Ensino Fundamental? O que fazer com os resultados? O objetivo central do trabalho é mostrar que o diagnóstico da alfabetização realizado por avaliações externas pode ser bastante útil para o dia-a-dia da escola.

Finalmente, no texto "Letramento literário na sala de aula: desafios e possibilidades", Aparecida Paiva e Paula Cristina de Almeida Rodrigues discutem aspectos ligados à leitura literária no contexto escolar, por meio da reflexão sobre o papel dos professores como formadores de leitores, os tempos escolares destinados ao trabalho com a leitura literária nas salas de aula, as condições de acesso à produção literária e as políticas de aquisição e distribuição de livros de literatura para as escolas.

Apresentação

Ao iniciarmos a coleção Alfabetização e Letramento na sala de aula, trazendo à discussão textos que abordam diferentes facetas da alfabetização e do letramento, esperamos contribuir para a construção de conhecimentos que favoreçam a articulação entre a teoria e a prática educacional, a construção de alternativas pedagógicas capazes de atender aos desafios vivenciados por aqueles que atuam na sala de aula e criar efetivas possibilidades de aprendizagem da leitura e da escrita para todos os alunos.

Maria Lucia Castanheira
Francisca Izabel Pereira Maciel
Raquel Márcia Fontes Martins

Referência:

MOREIRA, A. et al. *Para quem pesquisamos, para quem escrevemos: o impasse dos intelectuais.* São Paulo: Cortez, 2003.

Os conceitos de alfabetização e letramento e os desafios da articulação entre teoria e prática

Francisca Izabel Pereira Maciel
Iara Silva Lúcio

Este capítulo tem como objetivo apresentar reflexões e buscar responder a alguns questionamentos – muito presentes nos cursos de formação docente, em seminários e encontros com professores alfabetizadores – sobre as relações entre o processo de ensino-aprendizagem da leitura e da escrita, a alfabetização seus usos sociais e o letramento, no âmbito da sala da aula. Tomar a temática da alfabetização – aqui definida como aprendizagem inicial da leitura e da escrita – para refletir não é recente. Pelo contrário, podemos afirmar que para nós, no Brasil, essa reflexão está presente desde a criação das primeiras escolas. Entretanto, analisar a alfabetização e refletir sobre ela na perspectiva do letramento é recente no nosso país. É nesse contexto que surgem questões como, por exemplo: Por que trabalhar a alfabetização e o letramento ao mesmo tempo, ou seja, por que alfabetizar letrando? Como alfabetizar na perspectiva do letramento?

A fim de responder a essas questões, realizamos uma breve discussão sobre os conceitos de alfabetização e letramento e sua natureza política e social. Em seguida, apresentamos a análise de algumas atividades propostas por professoras alfabetizadoras a seus alunos. Pretendemos, com essa análise, promover uma reflexão sobre como alfabetizar na perspectiva que considera os usos sociais da leitura e da escrita, ao articular a discussão conceitual à análise de práticas de trabalho em sala de aula.

Alfabetizar e letrar: uma proposta de ordem política

Em 1990, na Conferência Mundial sobre Educação para Todos (1990), a alfabetização passa a ser "entendida como *instrumento* eficaz para a aprendizagem, para o acesso e para a elaboração da informação, para criação de novos conhecimentos e para a participação na própria cultura e na cultura mundial nascente" (*Conferência Mundial de Educação para todos*. Jomtien, Tailândia, 1990, grifo nosso). Se tomarmos como ponto de partida essa definição, constatamos que nela está explícita a idéia de que a aprendizagem da leitura e da escrita se torna um instrumento que permitirá o indivíduo ter acesso à informação e criar novos conhecimentos. A escrita, comparável a um instrumento, é vista como capaz de permitir a entrada do aprendiz no mundo da informação, seja possibilitando o acesso aos conhecimentos histórica e socialmente produzidos, seja criando condições diferenciadas para a produção de novos conhecimentos. Embora possamos considerar esse aspecto da escrita, devemos indagar: seria a escrita apenas um instrumental tecnológico para acesso a conhecimentos? Para responder a essa questão, podemos considerar o que Soares (2006) e Freire (1991) discutem sobre alfabetização e letramento. Soares afirma que, para entrar e viver nesse mundo do conhecimento, o aprendiz necessita de dois passaportes: o domínio da tecnologia de escrita (o sistema alfabético e ortográfico), que se obtém por meio do processo de alfabetização, e o domínio de competências de uso dessa tecnologia (saber ler e escrever em diferentes situações e contextos), que se obtém por meio do processo de letramento.

Sobre esse respeito, Freire (1991) afirma: "Não basta saber ler 'Eva viu a uva'. É preciso compreender qual a posição que Eva ocupa no seu contexto social, quem trabalha para produzir a uva e quem lucra com esse trabalho". Dessa forma, Freire chama a nossa atenção para o fato de que não basta simplesmente dominar a escrita como um instrumento tecnológico. É preciso considerar as possíveis conseqüências políticas da inserção do aprendiz no mundo da escrita. Essa inserção favoreceria uma leitura crítica das relações sociais e econômicas (re)produzidas em nossa sociedade.

Nesse sentido, é importante que o professor, consciente de que o acesso ao mundo da escrita é em grande parte responsabilidade da escola, conceba a alfabetização e o letramento como fenômenos complexos e perceba que são múltiplas as possibilidades de uso da leitura e da escrita na sociedade.

Assim, as práticas em sala de aula devem estar orientadas de modo que se promova a alfabetização na perspectiva do letramento e, tomando as palavras de Soares (2001), que se proporcione a construção de habilidades para o exercício efetivo e competente da tecnologia da escrita. Esse exercício

> [...] implica habilidades várias, tais como: capacidade de ler ou escrever para atingir diferentes objetivos – para informar ou informar-se, para interagir com os outros, para imergir no imaginário, no estético, para ampliar conhecimentos, para seduzir ou induzir, para divertir-se, para orientar-se, para apoio à memória, para catarse...: habilidades de interpretar e produzir diferentes tipos e gêneros de textos; habilidades de orientar-se pelos protocolos de leitura que marcam o texto ou de lançar mão desses protocolos, ao escrever: atitudes de inserção efetiva no mundo da escrita, tendo interesse e informações e conhecimentos, escrevendo ou lendo de forma diferenciada, segundo as circunstâncias, os objetivos, o interlocutor [...]. (SOARES, 2001, p. 92)

Trabalhar considerando múltiplos usos e funções da escrita na sociedade potencializa as possibilidades de refletir criticamente sobre as relações que se estabelecem entre as pessoas em nossa sociedade. Ao interpretar e produzir textos escritos em diferentes gêneros, o aprendiz é levado a se indagar sobre quem escreve e em que situação escreve; o que se escreve; a quem o texto se dirige e com que intenções; quais os efeitos que o texto procura produzir no leitor, etc. Essas indagações favorecem a compreensão de como as relações sociais são representadas e constituídas na e por meio da escrita.

Dessa forma, tais questionamentos possibilitam a ampliação de nossa compreensão do mundo das relações políticas, econômicas e sociais, para as quais nos chamava a atenção Paulo Freire. Trabalhar a alfabetização na perspectiva do letramento é, portanto, uma opção política. Acreditar que é possível alfabetizar letrando é um aspecto a ser refletido, pois não basta compreender a alfabetização apenas como a aquisição de uma tecnologia. O ato de ensinar a ler e a escrever, mais do que possibilitar o simples domínio de uma tecnologia, cria condições para a inserção do sujeito em práticas sociais de consumo e produção de conhecimento e em diferentes instâncias sociais e políticas. Ciente da complexidade do ato de alfabetizar e letrar, o professor é desafiado a assumir uma postura política que envolve o conhecimento e o domínio do que vai ensinar.

Desafios da articulação entre teoria e prática

Se de um lado, cada vez mais, o termo letramento tem sido usado de maneira corrente no interior da escola, de outro essa palavra ainda suscita dúvidas. Prova disso é a distância entre o discurso e a prática pedagógica docente. As experiências nos cursos de formação docente nos têm revelado que são muitas as dúvidas dos professores que lidam cotidianamente com o trabalho de alfabetizar e letrar.

Profissionais que estão iniciando o seu percurso ou mesmo os que atuam há vários anos na alfabetização questionam se suas práticas condizem com as novas teorias e concepções de ensino-aprendizagem. Observamos que angústias desses profissionais revelam o medo de que suas práticas sejam consideradas "ultrapassadas" ou "tradicionais". Não é raro observarmos professores que considerem necessária a interação com diferentes gêneros textuais na formação do leitor/escritor competente, mas que, na sala de aula, recorram basicamente a pseudotextos no trabalho de alfabetização. Esse tipo de prática não possibilita aos estudantes interagir com os materiais escritos fora do espaço escolar nem refletir sobre as funções sociais desses textos e sobre as relações que se estabelecem entre as pessoas por meio desses textos.

Também identificamos, no interior da escola, posturas que revelam a freqüente confusão ou sobreposição dos conceitos de alfabetização e letramento. Muitos professores ainda acreditam que somente após o processo de alfabetização é que deve ser iniciado o processo de letramento, ou seja, que para se tornar letrado, é preciso, primeiramente, adquirir a tecnologia da escrita. Em outros casos, observa-se o contrário: professores privilegiam a interação com textos, entretanto, não dão atenção aos aspectos específicos da alfabetização, o que compromete seriamente o processo de aquisição das habilidades de ler e de escrever.

Daí a importância de se perceber a sala de aula como um espaço que possa promover tanto o domínio de capacidades específicas da alfabetização, quanto o domínio de conhecimentos e atitudes fundamentais envolvidos nos diversos usos sociais da leitura e da escrita. Para que isso ocorra, é preciso o conhecimento da teoria relativa a esses domínios e sua articulação da prática de ensino: é preciso que haja um equilíbrio entre ambos, e estabelecer esse equilíbrio tem sido um grande desafio, tanto para os acadêmicos quanto para os professores que atuam nas turmas de alfabetização. Esse equilíbrio poderá ser alcançado, se, para além do discurso-denúncia, tão presente nas pesquisas sobre alfabetização no Brasil, formos capazes de produzir pesquisas empíricas e estudos comparativos que propiciem a produção de alternativas pedagógicas que possam subsidiar a prática dos professores alfabetizadores. A produção dessas pesquisas e estudos deve ser fomentada pelas reflexões e questionamentos dos professores sobre o seu próprio fazer, num estreito diálogo entre pesquisadores e alfabetizadores. Uma melhor compreensão dos limites e possibilidades dos processos escolares de alfabetização e letramento e a construção de alternativas pedagógicas que possam superar esses limites serão decorrentes desse diálogo.

Buscando superar a perspectiva da denúncia daquilo que não funciona no processo de ensino da alfabetização em sala de aula, refletiremos sobre alguns impasses e dificuldades que os professores têm encontrado no processo de alfabetizar.

Refletindo conceitualmente sobre atividades para o ensino da escrita numa perspectiva do letramento

Todos nós temos um referencial teórico que orienta o trabalho de alfabetizar e que vai sendo modificado à medida que vamos incorporando novos conhecimentos a esse referencial por meio da interação com os colegas de trabalho, alunos em sala de aula e em cursos de formação e aperfeiçoamento. Por isso podemos afirmar que também nossas práticas vão sendo alteradas em função dessas vivências e de novas compreensões sobre o que é, como e por que alfabetizar. Nesse processo, o medo de ser rotulado como "tradicional" tem levado o professor a mudar o seu foco de atenção: cria-se a idéia de que certos conteúdos e instrumentos devem ser abolidos do processo de alfabetização.

A partir deste momento, abordaremos, algumas questões que nos têm sido propostas por professores em cursos de formação. Essas questões revelam as preocupações e os desafios com que se deparam os professores em um contexto de inovações conceituais e práticas. As nossas reflexões serão feitas por meio de análises de atividades didáticas.

Deve-se ensinar as letras do alfabeto? Como fazê-lo?

Comumente ouvimos perguntas como: "É importante aprender todas as letras do nosso alfabeto?". A respeito dessa pergunta, ressaltamos que é importante aprender todas as letras do nosso alfabeto, sim, mas não de forma desprovida de sentido. É importante que o aluno seja capaz não apenas de identificar as letras do alfabeto, mas também de memorizá-las e compreender os seus usos e funções na nossa sociedade. Não é raro encontrarmos pessoas que sabem "recitar" perfeitamente todas as letras do alfabeto na ordem correta, mas que não são capazes de preencher os dados numa agenda, localizar informações em catálogos telefônicos ou encontrar um verbete num dicionário, ações que demandam habilidades que ultrapassam a simples memorização da ordem alfabética. Para dar sentido à memorização da ordem alfabética, o professor deverá incentivar a aprendizagem do alfabeto juntamente com seus usos sociais. Por exemplo, os alunos podem ser incentivados a criar a sua agenda pessoal de endereços, e-mails e telefones dos colegas e a fazer uso dos dicionários e do catálogo telefônico.

Vale mencionar que essas atividades também podem favorecer o desenvolvimento da consciência fonêmica, ao levar o aluno a perceber a relação dos fonemas com os grafemas que os representam, percepção que ocorre na consulta ao dicionário.

Para enriquecer nossa discussão, tomemos para análise atividades propostas por professores que buscam implementar em suas salas de aula um trabalho de alfabetização na perspectiva do letramento, considerando as possibilidades e os limites dessas atividades.

No exemplo apresentado a seguir, a professora tem como objetivo trabalhar a ordem alfabética. Ciente da necessidade de articular capacidades lingüísticas próprias da alfabetização e do letramento – reconhecer a seqüência alfabética tendo em vista seus usos sociais –, a professora fez o levantamento de alguns títulos de obras literárias infantis, para que seus alunos os organizassem segundo a ordem alfabética.

Na atividade, as linhas pontilhadas indicam que os alunos devem recortar as figuras e, posteriormente, organizá-las de modo que os títulos fiquem alinhados de A a Z. Além dessa atividade, outras, que podemos denominar como "escolarizadas",[1]

---

[1] Para refletir mais sobre a escolarização da leitura literária, consultar: Evangelista; Brandão; Machado, 1999.

foram propostas pela professora no trabalho com a literatura na sala de aula: discutir na turma quais livros os alunos gostariam de ler; registrar nomes de outros títulos de livros para compor o "acervo" da turma; passar para a letra cursiva os títulos de alguns livros. Vários aspectos da escolarização implicados nessa atividade poderiam ser abordados. Entretanto, iremos nos atentar, neste momento, apenas para a questão da ordem alfabética, por considerarmos que ela é um importante aspecto, a ser trabalhado nas turmas de alfabetização, na formação do sujeito letrado.

Não podemos negar que a atitude da professora de explorar títulos de livros representa uma tentativa de levar para a sala de aula uma situação mais concreta de reconhecimento da seqüência alfabética, aliada à observação – e conseqüente ampliação do conhecimento – do suporte livro. Entretanto, nesse caso, quando pensamos na ordem alfabética tendo em vista seus usos sociais, uma questão se apresenta: em que medida a atividade proposta pela professora corresponde a sistemas de classificação e organização de bibliotecas? Em bibliotecas, os livros e documentos estão reunidos por assuntos comuns. Dessa forma, livros de assuntos relacionados encontram-se em uma mesma área da biblioteca, para facilitar o acesso do leitor. A criança precisa construir essa percepção para que possa desenvolver a capacidade de localizar livros, periódicos, documentos e outros materiais na biblioteca. Assim, a organização dos títulos proposta pela professora certamente viabilizará o aprendizado da ordem alfabética, mas não o seu uso social. A diferença é sutil, contudo, o professor deve estar atento a essa questão, como forma de promover a alfabetização na perspectiva do letramento. Vale ressaltar que a professora deveria ter explorado a ordem alfabética nessa atividade tendo como critério a autoria, entretanto após a organização temática dos livros. Isso porque, nas bibliotecas, os livros se organizam, primeiramente, por assuntos e, em segundo lugar, por autores.

Qual o lugar da memorização de famílias silábicas no processo de aprendizagem da escrita?

Outra questão que temos escutado com freqüência em cursos de formação é: "Podem-se propor atividades que visem à memorização?". Vamos respondê-la discutindo sobre um método de alfabetização[2] ainda bastante utilizado nas escolas, que é o método silábico.

Durante muito tempo, acreditava-se que a prática da memorização de sílabas e de pseudotextos, por si só, era um instrumento eficaz para que o aprendizado da escrita ocorresse. Provavelmente quando você foi alfabetizado, realizou diversas atividades que visavam à memorização das famílias silábicas. Essas atividades eram vista como condição fundamental para a posterior formação de palavras simples – monossílabos e dissílabos com estrutura silábica consoante-vogal (sílaba canônica CV) –, muitas delas usadas na composição de pseudotextos. Por meio do exercício repetitivo dessa estrutura silábica e sua conseqüente memorização, o aluno construiria uma regra básica que, acreditava-se (e ainda acredita-se), seria utilizada, posteriormente, em novas famílias silábicas e na formação de palavras e textos, compostos por sílabas dessas famílias recém memorizadas. Dessa forma, a percepção e memorização de sílabas compostas por consoante e vogal,

---

[2] Entendendo "método" como os métodos tradicionais de alfabetização, sintéticos e analíticos.

como BA, BE, BI, BO, BU, levaria o aluno a aplicar essa mesma estrutura na escrita de outras sílabas, como DA, DE, DI, DO, DU ou FA, FE, FI, FO, FU, e na cópia de palavras e textos compostos por sílabas dessa natureza. O problema com a aplicação desse método de trabalho surge quando o aluno se depara com a necessidade de ler e escrever estruturas silábicas diferentes da sílaba CV. Além disso, qualquer família silábica, mesmo em estruturas diferentes da CV, não engloba todos os valores sonoros que atribuímos às vogais e às consoantes. Assim, quando apresentamos ao aluno a seqüência LA, LE, LI, LO, LU – sílabas essas normalmente recitadas com o som vocálico aberto: "LÁ, LÉ, LÍ, LÓ, LÚ" –, estamos excluindo outras variações sonoras, o que certamente dificultará a leitura de palavras como, por exemplo, LANCHE (em que a primeira vogal é nasal, portanto fechada), LEITE (em que a primeira vogal "e" é fechada, sendo pronunciada como "ê") e LOUCURA (em que a vogal "o" é também fechada, sendo pronunciada como "ô").

Outro exemplo relacionado à consoantes se refere ao fato de que uma mesma letra (grafema) pode ter valores sonoros diferenciados, definidos pelo seu contexto. Por exemplo, no caso das palavras CIDADE e CARETA, a letra "c" assume diferentes valores sonoros, determinados pela vogal com que se articula. Assim, enquanto em CIDADE, o "c" tem som de "s" (como em *sirene*), em CARETA, ele tem o som de "k".

Os erros ortográficos cometidos pelos alunos, como em GANELA (no lugar de *janela*) e CABONETE (no lugar de *sabonete*), podem ser interpretados como uma dificuldade de lidar com essa variação dos valores sonoros dos grafemas. Uma interpretação possível é que esses erros podem ser, em parte, provocados pela memorização das famílias silábicas sem articulação com atividades de reflexão sobre os diferentes valores sonoros dos grafemas e suas relações com as questões ortográficas.[3] Esses erros ortográficos são, muitas vezes, considerados pelo professor como "dificuldades de aprendizagem do aluno". No entanto, a produção desses erros pode indicar o quanto a memorização de sílabas, por si só, pode limitar ou dificultar o efetivo aprendizado. O que podemos então dizer das sílabas? A simples memorização das famílias silábicas não é suficiente para levar o aluno a conhecer diferentes valores sonoros representados pelos grafemas, bem como estruturas silábicas variadas. Ressaltamos, contudo, que esse conhecimento/habilidade de reconhecer as diferentes famílias silábicas é parte integrante do processo inicial da aprendizagem da leitura e da escrita, ou seja, a memorização dessas famílias é um dos componentes do processo de alfabetização, mas não é e nem pode ser o único. Essa atividade deve ser realizada, por exemplo, juntamente com atividades que promovam a observação e a reflexão sobre regularidades e irregularidades ortográficas, características do português. Observar a escrita de palavras e refletir sobre as relações entre os modos de falar e de escrever favorece a ampliação do conhecimento do aluno sobre o caráter representacional e arbitrário da escrita. Sugestões de atividades que trabalham essas questões de forma significativa e contextualizada podem ser encontradas em Bortoni-Ricardo (2004) e Morais (1998).

Outras atividades devem ser exploradas no sentido de favorecer a observação de que as sílabas não são constituídas apenas do padrão consoante-vogal. Essa habilidade pode ser

---

[3] Sobre o ensino da ortografia, ver Morais (1998, 1999) e Lemle (1987).

desenvolvida por meio de jogos com nomes dos alunos. Inicialmente, utilizando jogos com alfabeto móvel, eles irão formar os seus próprios nomes e, na seqüência, os nomes dos colegas, sendo desafiados a formar novos nomes, novas palavras. O conjunto de nomes dos alunos poderá apresentar sílabas de padrões diversificados, como em: **Bruno**, **Clarissa**, **Flávio** (sílaba CCV); **Bernardo**, **Carla**, **Marta** (sílaba CVC); **Alice**, **Isabel**, **Eduardo** (sílaba V em início de palavra).

Como trabalhar com gêneros textuais: uma reflexão a partir do gênero carta

Nos últimos anos, com o advento do conceito de letramento, novas orientações para o ensino enfatizam a necessidade de se trabalhar com os usos e funções sociais da escrita. Nesse contexto, introduzir diferentes gêneros textuais no processo de ensino, refletindo sobre as relações entre suas características composicionais e suas funções, passa a ser visto como condição para que o aluno tenha acesso às práticas de produção, uso e consumo de textos que circulam em diferentes esferas sociais. As cartas, os bilhetes e os convites são alguns gêneros textuais que têm sido trabalhados com certa freqüência no cotidiano escolar dos alunos, desde a entrada na Educação Infantil.

A atividade descrita e analisada a seguir pode ser compreendida como uma tentativa de responder a essas novas orientações de alfabetizar letrando, por meio da exploração do gênero carta. Em momentos de discussão e análise com a turma, a professora chamou a atenção dos seus alunos para os protocolos de uma carta, a começar pelo envelope: onde colocar o selo, onde e como registrar nome e endereço de destinatário e remetente. Na seqüência, ela leu alguns modelos de cartas, utilizando cartas recebidas por ela, de uma amiga e de seu namorado. Os alunos gostaram de ouvir a leitura das cartas e, à medida que ia lendo, a professora chamava a sua atenção para características textuais daquele gênero, como a necessidade de se registrar a data e o local, as formas de se direcionar ao destinatário e os objetivos e peculiaridades de cada carta lida (diferenças entre uma carta de namorado e uma carta de amiga).

Essa atividade foi realizada em uma aula de aproximadamente 55 minutos. Após essa reflexão sobre o gênero carta, a professora solicitou aos seus alunos que trouxessem de casa selo e envelope, pois eles iriam escrever uma carta. No outro dia, os alunos estavam ansiosos por saber para quem iriam escrever uma carta. A professora logo disse que eles poderiam escolher um dos colegas da turma para escrever a carta. Houve um burburinho entre eles, até mesmo certo descontentamento. "Escrever para meu colega?" A professora ainda fez o seguinte lembrete: "Não se esqueçam de pôr no envelope o destinatário". E assim deu tempo para sua turma escrever as cartas, passando a corrigir o caderno de dever dos alunos enquanto eles produziam a atividade proposta. Os alunos logo terminaram a atividade.

Demonstrando surpresa com a rapidez dos estudantes, a professora perguntou: "Mas já terminaram? Então quem quer ler a sua carta?". A análise da situação de produção e do conjunto de cartas escrito pelos alunos permite refletir sobre vários aspectos relacionados à apropriação do nosso sistema de escrita e ao domínio do gênero carta – questões ortográficas, fatores relacionados à coesão e à coerência textual, pontuação e outros. Entretanto, dado o limite deste texto, nos ateremos à discussão de condições de produção propostas pela professora para a atividade, particularmente da definição do interlocutor da carta a ser produzida pelos alunos.

Iniciamos a nossa reflexão a partir do questionamento feito por uma aluna à professora. Ao se prontificar a fazer a leitura de sua carta, Luana[4] indagou: "Professora, eu escrevi uma carta pra você, tem problema?". A professora diz: "Claro que não, obrigada, Luana, então leia para nós". A pergunta de Luana indica que ela percebe e reconhece a importância de atender às condições de produção propostas para a atividade pela professora. Ou seja, ela tem conhecimento de estar sendo avaliada pelo atendimento ou não às condições escolares de produção de textos. Nesse caso, ela demonstrou que sabia não ter atendido à orientação explicitada de que a carta deveria ter como interlocutor um colega de turma.

> Belo Horizonte 28 de novembro de 2007.
>
> Querida Tia,
>
> Como vai você, eu vou bem. Sabe tia, estou ti escrevendo para dizer que gosto muito de você. Vou sentir sua falta porque você não vai ser mais minha professora.
> Te amo.
> 1.000 beijos pro você.
>
> Luana

Uma possível interpretação para a necessidade de Luana de não atender a essa orientação seria de que essa aluna teria buscado criar um certo distanciamento entre ela e o seu destinatário. Provavelmente, essa necessidade tenha surgido do

[4] Os nomes utilizados neste texto são pseudônimos. Na presente análise os aspectos gramaticais e ortográficos na escrita dos alunos não foram considerados, pois a nossa discussão se centra em elementos relativos ao gênero carta.

fato de que Luana está desenvolvendo um conhecimento de que uma carta se dirige a um interlocutor ausente. Entretanto, em sua tentativa de criar distanciamento com o interlocutor, Luana faz a opção por escrever para alguém – a professora – que, embora estando presente fisicamente, distancia-se dela em termos de posicionamento social. Nesse caso, escrever para seus colegas e pares, dada a proximidade social com eles, teria provocado certo incômodo em Luana que a levou a buscar alternativas de interlocutor.

A conversa entre Luana e a professora possibilita algumas reflexões sobre o processo de ensino em sala de aula. Ela é indicativa de como as condições de produção de uma atividade em sala de aula são (re)construídas no processo de interação entre os participantes, professora e alunos. Ao planejar a atividade, a professora desconsiderou um aspecto importante que é constitutivo do gênero carta: o fato dos interlocutores não estarem em interação face a face. Como vimos, Luana é a primeira aluna que demonstra desconforto em relação a esse esquecimento, ao redefinir o destinatário da sua carta. Aceitando a contribuição de Luana como adequada, a professora legitima sua participação e dá mostras de que reconhece o dinamismo das interações em sala de aula.

Outro aluno, Diogo, que se nega a fazer a leitura da carta, dando um sorriso maroto, é mais explícito ao reagir às condições de produção da carta, propostas pela professora. Vejamos o que ele escreve ao seu colega João Marcelo.

Belo Horizonte, 26 de novembro de 2007.

Querido amigão João Marcelo,
Como vai você? Eu vou bem
e seu irmão Manuel já
passou de ano?
Quer saber de uma coisa? Olha
não vou mais escrever pra
você por que se eu quiser eu
falo com você. Não preciso
escrever por que você está
sentado no meu lado.
Um grande abraço do seu
amigo.
assinado: Diego.

A carta produzida por Diogo nos parece engraçada, pois nela ele zomba da proposta da professora, ao afirmar claramente que não faz sentido escrever uma carta para quem está sentado ao seu lado. A ousadia de Diogo em fazer tal registro pode estar apoiada em práticas de circulação de bilhetinhos entre alunos que procuram mantê-los em sigilo. O seu sorriso maroto e a sua recusa demonstram que ele estava consciente de que tinha contrariado expectativas do processo de ensino, isto é, aceitar sem questionamento a busca por parte dos professores de criar para a sala de aula as condições de produção e circulação de textos presentes em outras esferas sociais.

A carta de Diogo toca em um paradoxo vivido pelos professores que buscam alfabetizar letrando por meio da exploração de gêneros textuais variados: como criar, na sala de aula, condições de produção, uso e circulação de textos que sejam similares àquelas vivenciadas nas situações sociais que ocorrem fora do espaço escolar, nas diversas situações reais de uso da escrita? A professora, ao propor a atividade de escrita da carta, acredita que estava criando condições e necessidades reais que justificassem a produção da carta. Afinal, no planejamento discutido com as outras professoras, ela explicitou seus objetivos: trabalhar a carta, ensinar aos alunos como escrever uma carta e como preencher o envelope. Ou seja, as ações da professora foram conduzidas no intuito de viabilizar a escrita de cartas na turma, entretanto, em sua proposta, a professora ignorou um dos elementos centrais que justificariam essa produção em um contexto não-escolar: o não-compartilhamento do mesmo espaço temporal e físico pelo autor e potencial leitor da carta.

Considerações finais

As discussões em torno da alfabetização e do letramento não se configuram num modismo passageiro, e sim em importantes temáticas a serem debatidas e articuladas no trabalho em sala de aula. O modo como o professor conduz o seu trabalho é crucial para que a criança construa o conhecimento sobre o objeto escrito e adquira certas habilidades que lhe permitirão o uso efetivo do ler e do escrever em diferentes situações sociais. Conduzir o trabalho de alfabetização na perspectiva do letramento, mais do que uma decisão individual, é uma opção política, uma vez que estamos inseridos num contexto social e cultural em que aprender a ler e escrever é mais do que o simples domínio de uma tecnologia.

São muitos os desafios a serem enfrentados no atual contexto educacional, em que muitos alunos passam pela escola sem encontrar condições efetivas de se tornarem leitores e produtores de texto competentes. Desse fato, decorre a necessidade de haver um diálogo contínuo entre professores, pesquisadores e formadores de professores, na busca de alternativas pedagógicas que possibilitem modificar esse quadro. Defendemos, então, a importância da formação continuada como espaço privilegiado desse diálogo, em que o estudo das especificidades e articulação dos processos de alfabetização e letramento seja aprofundado.

Independentemente das didáticas e metodologias a serem utilizadas ou defendidas por professores, pesquisadores ou autores de livros de alfabetização, o que não podemos relegar a um segundo plano é que a alfabetização, na perspectiva do letramento, não é um mito, é uma realidade. Cabe às escolas e aos professores alfabetizadores ter consciência da concepção sobre alfabetização/letramento a ser adotada, para que se torne mais claro quais procedimentos metodológicos deverão ser utilizados.

Nos últimos anos, ocorreram mudanças nas práticas de professores, que hoje estão mais cientes de que o aprendizado da leitura e da escrita não pode estar desvinculado dos sentidos que construímos e dos usos que fazemos do ler e do escrever. Entretanto, as tentativas de se conduzir uma alfabetização na perspectiva do letramento têm esbarrado em diversas dúvidas e dificuldades para se desenvolver estratégias de aprendizagem que realmente incorporem o conceito de letramento. Dessa maneira, as análises das atividades dos professores aqui realizadas justificam-se como um meio para identificar problemas que muitos profissionais da educação vivenciam em seu trabalho.

Compreendemos que, para alfabetizar letrando, é preciso que o professor assuma certas posturas, de modo que a prática pedagógica seja conduzida no sentido de viabilizar a formação de um sujeito que não apenas decodifica/codifica o código escrito, mas que exerça a escrita nas diversas situações sociais que lhe são demandadas. Assim, cabe ao professor realizar o trabalho de aquisição da tecnologia da escrita, somado à interação com diferentes textos escritos, bem como criar situações de aprendizagem que se aproximem do uso real da escrita fora da escola. O modo como o professor conduz o seu trabalho é crucial para que a criança construa o conhecimento sobre o objeto escrito e adquira certas habilidades que lhe permitirão o uso efetivo do ler e do escrever.

Referências

BORTONI-RICARDO, S. M. *Educação em língua materna: a sociolingüística na sala de aula.* São Paulo: Parábola Editorial, 2004.

CONFERÊNCIA MUNDIAL DE EDUCAÇÃO PARA TODOS. Original em Inglês. *Declaração mundial sobre educação para todos e Plano de ação para satisfazer as necessidades básicas de aprendizagem.* Jomtien, Tailândia: mar. 1990.

FREIRE, P. *A educação na cidade.* São Paulo: Cortez, 1991.

LEMLE, M. *Guia teórico do alfabetizador.* São Paulo: Ática, 1987. (Série Princípios, n. 104).

EVANGELISTA, A. A. M.; BRANDÃO, H. M. B.; MACHADO, M. Z. V. *A escolarização da leitura literária: O Jogo do Livro Infantil e Juvenil.* Belo Horizonte: Autêntica, 1999.

MORAIS, A. G. (Org.). *O aprendizado da ortografia*. Belo Horizonte: Ceale/Autêntica, 1999.

MORAIS, A. G. *Ortografia: ensinar e aprender*. São Paulo: Ática, 1998.

OLIVEIRA, M. A. *Conhecimento lingüístico e apropriação do sistema de escrita: caderno do professor*. Belo Horizonte: Ceale/FaE/UFMG, 2005. (Coleção Alfabetização e Letramento).

SOARES, M. A escolarização da literatura infantil e juvenil. In: MARTINS, A. A.; BRANDÃO, H. M. B. *Escolarização da leitura literária*. 1999.

SOARES, M. Letramento e escolarização. In: RIBEIRO, V. M. (Org.). *Letramento no Brasil, reflexões a partir do INAF 2001*. São Paulo: Global, 2001.

SOARES, M. *Letramento: um tema em três gêneros*. Belo Horizonte: Autêntica, 1998.

SOARES, M. O letramento e a alfabetização – Qual é a diferença entre a alfabetização de crianças e a de jovens e adultos? *Letra A – O jornal do alfabetizador*, Belo Horizonte, ano 2, p. 3, jun./jul. 2006. Edição Especial.

O planejamento das práticas escolares de alfabetização e letramento

Ceris S. Ribas da Silva

O contato com professores alfabetizadores nos cursos de formação continuada tem revelado algumas de suas práticas em relação à organização do planejamento escolar. É comum ouvir depoimentos deste tipo: "Na minha escola, nós utilizamos o mesmo planejamento para todas as turmas, o que diferencia é o ritmo de aprendizagem dos alunos"; "Não temos tempo para planejar o trabalho, vivo de constantes improvisações"; "Eu sempre aproveito o planejamento do ano anterior e acrescento algumas atividades novas".

Quando analisamos esses tipos de condutas, que fazem parte do cotidiano de trabalho de muitas escolas, e avaliamos suas implicações na prática de ensino da língua escrita, compreendemos que as questões que envolvem o fracasso na alfabetização das crianças passam, entre outros aspectos, pela reflexão sobre a organização das atividades de sala de aula.

Este texto, concebido sob a forma de indagações e da apresentação de algumas possibilidades de respostas, faz parte do esforço de refletir sobre alguns aspectos que envolvem a organização das práticas de alfabetização e letramento, considerando o planejamento como algo importante para o desenvolvimento de ações autônomas e efetivas dos profissionais da educação.

Focalizaremos principalmente as questões que mais têm sido objeto de discussões nos cursos de formação continuada realizados pelo Ceale nos últimos anos. Na próxima seção do texto, abordaremos a importância do planejamento nas escolas, suas condições de realização e desafios a serem enfrentados no processo de sua elaboração. Em seguida, iremos nos deter nos procedimentos didáticos que envolvem a seleção, elaboração e organização das atividades que fazem parte do planejamento cotidiano, refletindo sobre a relação entre as atividades e os conteúdos a serem ensinados, a tipologia das atividades e as formas de participação e organização das crianças visando ao desenvolvimento das atividades planejadas.

Por que é importante que o professor planeje o seu trabalho?

A prática de ensino é uma ação intencional, que procura atingir determinados fins e, para ser realizada, apóia-se em conhecimentos sobre como funciona a realidade da sala de aula, nos conteúdos a serem ensinados, e no perfil dos alunos que são objeto desse ensino. Embora muitos profissionais reconheçam como funciona a realidade das turmas de alfabetização, as situações vividas quando o professor ensina a ler e a escrever são singulares, não se repetem e muitas vezes são imprevisíveis. Por isso, o professor precisa atuar como um agente desse processo, definindo as diretrizes de seu trabalho, sabendo conduzi-las e adequá-las às condições de sua realidade concreta. Essa forma de compreensão dos processos de ensino se contrapõe a modelos hierarquizados de organização do trabalho docente, impostos às escolas no passado, em que cabia ao professor ser um mero executor de planos definidos por especialistas. Hoje, o que se critica é a realização de um planejamento escolar elaborado independentemente da participação dos professores, que desconsidere sua experiência, seus conhecimentos e sua formação.

O principal objetivo da organização do planejamento é o de possibilitar que o professor desenvolva um trabalho sistemático dos conteúdos e habilidades[1] que envolvem o processo de alfabetização e letramento. Desenvolver um trabalho sistemático significa considerar, entre outros aspectos, uma continuidade entre uma aula e outra; a previsão do ensino dos conhecimentos complexos para o aluno depois daqueles menos complexos; e a seleção de atividades adequadas aos conhecimentos que serão ensinados. Espera-se que, orientado por esses aspectos, o trabalho docente produza resultados positivos e duráveis sobre o desenvolvimento e a aprendizagem de todos os alunos.

Quais são as dimensões e aspectos constitutivos do processo de planejamento?

Embora seja uma tarefa de responsabilidade do professor, a execução do planejamento envolve a participação de todos que atuam na escola, pois, juntos, configuram essa realidade com aspectos profissionais, materiais e organizativos. O planejamento

[1] A aprendizagem da linguagem escrita envolve conteúdos e capacidades como: i) a compreensão e valorização da cultura escrita, que objetiva possibilitar aos alunos a compreensão dos usos sociais da escrita e gerar a necessidade de práticas de leitura e escrita; ii) a apropriação do sistema de escrita, que envolve a compreensão das regras que orientam a leitura e a escrita no sistema alfabético, bem como a ortografia da língua portuguesa; iii) a leitura, que abrange desde as capacidades necessárias ao processo de alfabetização até aquelas que habilitam o aluno à participação ativa nas práticas sociais letradas; iv) a produção de textos escritos, que envolve as capacidades necessárias ao domínio da escrita, considerando desde as primeiras formas de registro alfabético e ortográfico até a produção autônoma de textos; v) o desenvolvimento da língua oral (oralidade) dos alunos com o objetivo de desenvolver formas de participação consideradas adequadas para os diferentes espaços sociais. (Coleção Instrumentos da Alfabetização, Ceale, 2005).

possui, portanto, uma dimensão coletiva, ao envolver todos os educadores e a comunidade escolar a fim de que participem definindo as metas e expectativas para as aquisições dos alunos e os meios adequados para alcançar esses fins. A participação coletiva também deve considerar a definição de instrumentos permanentes de avaliação e auto-avaliação do trabalho realizado pelos profissionais.[2] Esse aspecto implica no reconhecimento de que o planejamento formulado pela escola no início de cada ano letivo necessita de reformulações e adequações à medida que é desenvolvido.

Não são apenas os aspectos coletivos do trabalho que estão envolvidos no processo do planejamento. A dimensão individual que envolve a organização de sua prática docente também é outra questão que se torna objeto de reflexão. Nesse sentido, as discussões nos cursos de formação têm procurado analisar com os professores alguns estilos ou modos característicos de atuar que identificam as práticas dos alfabetizadores. Reconhecer as características individuais do seu trabalho pode ser um primeiro passo para se considerar a possibilidade de sua ampliação ou reformulação. Uma estratégia que contribui para esse tipo de reflexão é a de reconstituir com os professores suas formas de agir em sala de aula, identificando algumas de suas principais expectativas em relação ao ensino e à aprendizagem de seus alunos e de como suas experiências com turmas de alfabetização vão sendo moldadas ao longo do tempo.

Muitos professores relatam seus estilos de atuação quando descrevem certas preferências para organizar seus alunos, para decorar sua sala de aula, para administrar o tempo. Outros

---

[2] Sobre a relação escola-comunidade e processos de planejamento e avaliação escolar, ver "Indicadores da Qualidade na Educação". Esses Indicadores têm como objetivos mobilizar a comunidade escolar em torno de ações voltadas para a busca da educação de qualidade para todos e promover uma ampla avaliação da escola. Disponível em: <http://www.acaoeducativa.org.br/indicadores/>. Acesso em 26 jun. 2008.

descrevem, por exemplo, formas de atuar apoiadas na tradição do trabalho de alfabetização que são orientadas pelos princípios de um determinado método de alfabetização. Também é comum alguns professores relatarem que o sucesso de suas práticas não se apóia em metodologias, mas sim no tipo de relação que estabelecem com seus alunos, sempre procurando valorizar suas capacidades de aprendizagem e criando um ambiente de cooperação entre as crianças.

Todos esses relatos evidenciam a dimensão subjetiva da prática de ensino, revelando os princípios que orientam a prática desses professores, fundamentados em suas experiências e vivências profissionais. Além disso, podemos reconhecer nesses relatos a inscrição de característica dos processos implementados em sala de aula.

Um dos desafios a ser enfrentado no processo de planejamento dos trabalhos a serem desenvolvidos em sala de aula é a articulação entre a dimensão individual e a dimensão coletiva e institucional. Assim, as possibilidades individuais precisam sempre estar integradas e articuladas com fatores de ordem social e coletiva de cada escola. Por todos os aspectos discutidos acima, a organização do planejamento não pode ser considerada como uma mera formalidade técnica e burocrática que se organiza em uma lista ordenada de atividades. O planejamento também não pode ser substituído pela escolha de um método de ensino, por apostilas que estão na moda ou por um livro didático, por mais bem sucedidas que sejam as experiências dos professores com esses recursos. Eles são elementos integrantes do planejamento por contemplarem algumas dimensões do processo educativo. Ao planejar, os profissionais da escola precisam ainda prever e articular outras dimensões, como a relação entre as diversas disciplinas a serem trabalhadas, a organização da dinâmica dos trabalhos, os desdobramentos das atividades desenvolvidas no cotidiano da sala de aula e a natureza das avaliações a serem implementadas.

Além desses aspectos, os professores precisam saber administrar as expectativas dos próprios alunos (que podem variar conforme as formas de enturmação adotadas nas escolas, as marcas deixadas pela trajetória escolar de sucesso ou fracasso e as suas diferenças socioculturais), dos familiares e dos diferentes grupos sociais que buscam, legitimamente, influenciar na definição das finalidades da escola e de seu trabalho em uma determinada comunidade. Portanto, embora necessário e importante, planejar não é uma ação simples de ser realizada: depende tanto da competência do professor quanto das condições de trabalho que ele encontra na escola em que atua.

Quais as relações entre as condições do trabalho docente e o planejamento?

A ação de planejar depende também das condições de trabalho oferecidas em cada escola. É necessário garantir tempo e espaço para que os profissionais se reúnam, discutam, elaborem e avaliem as práticas que estão sendo realizadas. É fato que, em muitas instituições escolares, o tempo para organizar e refletir sobre o trabalho é algo de que, em geral, os professores não dispõem. A maioria dos profissionais da educação trabalha em dois turnos, o que faz com que sejam responsáveis por um número excessivo de alunos e gastem grande parte de seu tempo fora da sala de aula com a correção de trabalhos. Além disso, os contratos de trabalho não prevêem tempo para reuniões coletivas regulares. Planejar requer tempo de atividades extraclasse, para o trabalho individual e coletivo de planejamento.

É preciso ressaltar que nenhuma política educacional, voltada para a qualidade do ensino, obterá resultados positivos sem a alteração das condições de trabalho dos professores. Já no âmbito da formação continuada, quando discutimos as condições do trabalho com o professor, para evitar que o tema nos imobilize diante das limitações que são impostas atualmente, temos sugerido a busca de alternativas. Um ponto de partida pode ser o de se garantir, pelo menos, a primeira semana do ano letivo para a elaboração do planejamento. Temos sugerido esse momento para os professores organizarem o trabalho pedagógico por considerá-lo um período importante, deflagrador de todo um processo a ser desenvolvido durante o ano. Esse período pode ser organizado com uma discussão coletiva das metas, dos meios e dos procedimentos mais adequados para o acompanhamento e a avaliação das práticas de alfabetização e letramento a serem realizadas.

O reconhecimento dessas necessidades do trabalho docente precisa ser encarado como elemento que mobilize uma luta por sua melhoria, uma vez que sua mudança é imprescindível para a realização do planejamento pedagógico. Quando não se alteram as condições de trabalho, os efeitos são pedagógicos e políticos. Eles são pedagógicos quando, por exemplo, os professores se tornam dependentes dos livros didáticos, das orientações prescritas por outros profissionais e da reprodução de atividades isoladas e se subordinam aos modismos metodológicos. Os efeitos são políticos quando, por exemplo, essas condições de trabalho mantêm o profissional numa condição de ingenuidade, pois não permitem que ele reflita, conheça, transforme e valorize a sua prática. A repetida dificuldade da escola em alfabetizar e letrar seus alunos pode ser reconhecida como uma das conseqüências sociais e políticas graves desse quadro atual de trabalho nas escolas.

Como selecionar e elaborar as atividades de alfabetização e letramento na sala de aula?

Nas seções anteriores, discutimos a importância do planejamento e suas condições de realização nas escolas. Nesta seção, refletiremos sobre procedimentos pertinentes à organização do trabalho no dia-a-dia da sala de aula: (i) definir quais são os conteúdos a serem ensinados e de que forma eles devem ser organizados por meio de atividades; (ii) definir as formas de realização das atividades pelos alunos; (iii) definir as relações entre professor e aluno para a organização do planejamento cotidiano.

O primeiro procedimento tem como foco a seleção dos conteúdos da alfabetização e sua organização por meio de atividades. Esse procedimento envolve a definição de uma determinada progressão para o desenvolvimento de tais conteúdos. Essa progressão, por sua vez, está diretamente relacionada com as metas colocadas para a aprendizagem das crianças durante o ano letivo, ou seja, com aquilo que se espera que os alunos aprendam em um mês, ao longo de bimestres, semestres e do ano. A definição dessas metas também requer a previsão do tempo que será necessário para que esses conteúdos sejam trabalhados. Geralmente essas decisões sobre o que ensinar e durante quanto tempo são tomadas com base nas informações que o professor levanta quando avalia[3] seus alunos ao longo do ano letivo.

O segundo procedimento tem como foco a tipologia das atividades, ou seja, a descrição dos tipos de atividades necessários para o desenvolvimento de um ensino que possibilite a aquisição pelas crianças das habilidades de leitura e escrita.

As formas mais adequadas de organização dos alunos durante a realização das atividades é o terceiro procedimento a ser considerado. Para definir essas formas de organização, o professor deve se orientar pelas necessidades de aprendizagem

---

[3] Dados os limites deste texto, não podemos discutir a importância da avaliação diagnóstica e das avaliações processuais como orientadoras do planejamento. Entretanto reafirmamos a relevância dessa discussão já realizada em CEALE/FaE/UFMG, 2005.

dos alunos, sempre considerando suas aquisições, e as possibilidades que têm de realizar as tarefas a serem propostas.

O quadro apresentado a seguir faz uma síntese desses quatro procedimentos e seus desdobramentos pedagógicos.

Procedimentos didáticos para a organização das atividades:
1) QUANTO À ORGANIZAÇÃO DOS CONTEÚDOS
i) Seqüenciação e complexificação dos conteúdos
ii) Variação do repertório de atividades
iii) Articulação de capacidades lingüísticas e de diferentes conteúdos
2) QUANTO À TIPOLOGIA DAS ATIVIDADES
i) atividades abertas: promovem a reflexão e/ou exigem negociação de pontos de vista ou a solução de problemas para serem realizadas
ii) atividades fechadas: são realizadas individualmente e com autonomia
iii) atividades contextualizadas: são aquelas que se orientam pelos usos e funções sociais da escrita
iv) atividades lúdicas: atividades que têm o caráter de jogos, brincadeiras e divertimento
3) QUANTO ÀS FORMAS DE REALIZAÇÃO DAS ATIVIDADES PELOS ALUNOS
i) Formas diferenciadas: realização de atividades diferenciadas pelos alunos em um mesmo momento
ii) Formas coletivas: realização de uma atividade que envolve a participação de todos os alunos, de acordo com o patamar de aprendizagem em que cada um se encontra.
4) QUANTO AO TIPO DE PARTICIPAÇÃO DOS ALUNOS NAS ATIVIDADES DE PLANEJAMENTO
i) Decisões coletivas sobre o planejamento
ii) Avaliação e (re)definição das próximas tarefas

A articulação desses procedimentos é que define uma questão central que desafia o planejamento das atividades de ensino: Que propostas didáticas selecionar e elaborar para o desenvolvimento do planejamento do cotidiano da sala de aula? Apresentamos alguns critérios que podem ser tomados como referência para as decisões dos professores no dia-a-dia da sala de aula.

Que princípios articulam as atividades e os conteúdos a serem ensinados?

As atividades a serem escolhidas ou elaboradas precisam estar de acordo com os conteúdos e metas que foram previamente definidos para o trabalho com cada turma de alunos. Isso significa que o planejamento das práticas de alfabetização e letramento objetiva o desenvolvimento das habilidades lingüísticas que são próprias dos conteúdos dessa área de conhecimento: compreensão e valorização da cultura escrita, apropriação do sistema de escrita; leitura; produção de textos e desenvolvimento da oralidade. A lógica para a organização desses conteúdos em atividades apóia-se, principalmente, nos princípios da seqüenciação, da progressão de complexidade, da articulação de capacidades e conteúdos e da variação das atividades.

i) A seqüenciação e complexificação dos conteúdos

Trata-se de definir critérios adequados para a seqüenciação (BASIL, 1996) e complexificação dos conteúdos e atividades sem que isso signifique uma organização fechada e inflexível do trabalho a ser desenvolvido. O que diferencia a abordagem desses conteúdos no planejamento é a progressão de sua complexidade durante o ano letivo e ao longo de cada ano de escolaridade, como veremos na seção seguinte. Se tomarmos, por exemplo, o primeiro ano de escolarização, é preciso considerar a necessidade de enfatizar o trabalho com o eixo da aquisição do sistema de escrita, que se refere ao desenvolvimento de capacidades específicas da alfabetização, como o domínio do princípio alfabético. Essa ênfase, entretanto, deve ser dada sem desconsiderar a sua articulação com capacidades lingüísticas necessárias para que o aluno possa fazer uso da escrita em diferentes situações, ou seja, se tornar letrado.

Em relação à seqüenciação no trabalho com o eixo da aquisição do sistema de escrita, por exemplo, devemos considerar que a aquisição de capacidades, como saber diferenciar o sistema de escrita alfabético de um sistema de representação icônico e conhecer as letras do alfabeto e ser capaz de relacioná-las a segmentos da cadeia sonora são capacidades lingüísticas que criam condições para o desenvolvimento de outras, como as capacidades de representar diferentes estruturas silábicas, de representar a cadeia sonora ortograficamente, bem como de fazer a leitura de palavras desconhecidas. Dessa forma, no processo de ensino, há de se ter o cuidado no planejamento de quais atividades favorecerão o desenvolvimento dessas capacidades no momento propício. É preciso prever no planejamento uma seqüenciação do trabalho em sala de aula, ou seja, sua apresentação e desenvolvimento devem estar adequados aos patamares e às possibilidades de aprendizagem dos alunos.

Queremos enfatizar que o critério da progressão de complexidade significa a adoção de uma determinada seqüência na introdução e desenvolvimento das atividades que são elaboradas a partir do nível de conhecimentos dos alunos (sua familiaridade com determinado assunto, experiências escolares) e da natureza conceitual do conteúdo a ser ensinado. Os exemplos apresentados a seguir servem de orientação para a elaboração de atividades destinadas ao ensino de diferentes conteúdos da língua escrita.

- Leitura de textos: a seleção de textos para leitura, em uma classe em fase inicial da aprendizagem, pode ser guiada pela decisão de apresentar textos mais simples e curtos, num primeiro momento, e, à medida que os alunos forem avançando nas suas aquisições, pode-se propor a leitura de textos mais complexos e mais extensos.

- Compreensão na leitura: pode-se iniciar com a exploração de textos com temas e linguagens mais próximos da realidade do aluno para aqueles com temas e linguagens mais distantes (no tempo, no espaço geográfico e cultural).

- Estudo das letras do alfabeto: as atividades iniciais podem explorar apenas as letras de forma maiúscula, e, progressivamente, à medida que a criança for dominando o princípio alfabético, o professor pode introduzir atividades com a letra cursiva.

- Desenvolvimento da consciência fonológica: as atividades iniciais podem explorar as unidades fonológicas com as quais os alunos já são capazes de lidar antes mesmo de entrar para a escola, como rimas que aparecem em jogos e brincadeiras infantis, e depois o professor pode ampliar o trabalho para outras unidades desconhecidas e mais complexas, tais como reconhecer sílabas em meio de palavras e aliterações.

- Explorar os espaços em branco entre as palavras: iniciar com a exploração de palavras em frases e avançar para textos.

- Analisar estruturas silábicas: iniciar com atividades que explorem palavras pequenas e compostas por estruturas silábicas mais simples (consoante e vogal: por exemplo, *pato, gato*) e avançar com a análise de palavras com estruturas mais complexas (consoante-consoante e vogal: por exemplo, ***milho;*** e consoante-vogal-vogal: por exemplo, ***limão***) e com número maior de sílabas (*bicicleta, caminhão*).

ii) *A necessidade de variação e diversidade de atividades*

Adotar a variação como procedimento para a elaboração das atividades objetiva a criação de um repertório diversificado que leve em conta, entre outros aspectos, o interesse dos alunos, a exploração de diferentes habilidades cognitivas e a sua sistematização durante determinado tempo. Isso significa considerar que determinadas capacidades da alfabetização, para serem consolidadas em um dado tempo, precisam ser desenvolvidas por meio da proposição de um repertório variado de situações em que serão realizadas. Um tipo de conhecimento importante de ser ensinado na fase inicial da alfabetização é o domínio pela criança das convenções gráficas do nosso sistema de escrita, sendo que uma dessas convenções é o reconhecimento das letras do nosso alfabeto. No planejamento das atividades para o ensino das letras do alfabeto, o professor precisa considerar a necessidade de o aluno identificar e saber os nomes de todas as letras. Apresentamos alguns exemplos de atividades para reconhecimento das letras de imprensa maiúsculas do alfabeto que foram selecionadas segundo o princípio da variação.

- Exploração das letras dos nomes das crianças: leitura, comparação e identificação de semelhanças e diferenças.
- Escrita e leitura das letras do alfabeto.
- Leitura de dicionários temáticos e ilustrados.[4]
- Jogos de memória: brincadeira de "bingo" (distribuir cartelas aos alunos com grupos diferentes de letras e solicitar que reconheçam aqueles grupos que serão falados pela professora); dominó dos nomes dos alunos (formar par com as palavras iniciadas com a mesma letra); forca

---

[4] Para sugestões de atividades com dicionários consultar o livro *Dicionários e sala de aula* (RANGEL, 2006).

de palavras (formar palavras, por meio de pistas sobre seu significado, adivinhando quais são as letras).

iii) A articulação de várias capacidades de diferentes conteúdos
A articulação de diferentes conteúdos e capacidades lingüísticas envolve a decisão do professor de trabalhar diferentes eixos do ensino da língua escrita (compreensão e valorização da cultura escrita, leitura, produção de textos, aquisição do sistema de escrita e oralidade) ou algumas capacidades que compõem esses eixos de forma articulada. O exemplo apresentado a seguir possibilita compreender melhor o que estamos propondo.

• Atividades para o ensino de diferentes convenções gráficas da escrita (orientação e alinhamento da escrita na língua portuguesa, função dos espaços em branco). No caso do alinhamento, avançar com a leitura de textos dispostos de forma pouco usual (de baixo para cima, de cima para baixo, em colunas); no caso dos espaços em branco, avançar com a escrita de frases e textos e reflexões sobre a segmentação da cadeia sonora no registro escrito.

O planejamento também deve prever uma organização articulada e interdisciplinar dos conteúdos de diferentes disciplinas curriculares. Vale lembrar, por exemplo, que quando um professor utiliza um texto informativo para consulta na aula de ciências, essa atividade também se configura como um trabalho de leitura e compreensão de textos.

Além disso, para que essa articulação dos conhecimentos ocorra de forma mais produtiva, recomenda-se a adoção de metodologias que potencializem o desenvolvimento da prática pedagógica. Por exemplo, a escolha pelo desenvolvimento de projetos de trabalho (HERNANDEZ, 1998) é uma metodologia que pode ser incorporada aos planejamentos diários. A realização de projetos na sala de aula é uma estratégia didática que favorece o desenvolvimento de atividades diferenciadas, pois utiliza textos de diferentes gêneros como fonte de consulta dos temas propostos para estudo.

Como definir uma topologia para a organização das atividades?

O planejamento envolve o ensino de diferentes conteúdos, o que requer o desenvolvimento de um trabalho metódico e ordenado todos os dias na sala de aula, de modo que o resultado desse trabalho represente a aprendizagem, em determinado tempo, de algumas das capacidades da alfabetização e letramento. Alguns conteúdos, como, por exemplo, o ensino do sistema de escrita, dada a natureza arbitrária de suas regras e definições, requerem a utilização de procedimentos sistemáticos para serem consolidados em curtos espaços de tempo. Nesse caso, prevalecem as atividades do tipo abertas e fechadas. Outros conteúdos, principalmente os que envolvem o letramento, são ensinados por meio de experiências contextualizadas e pela vivência de diferentes práticas de leitura e de produção escrita na escola e, por outro lado, pela familiarização com outros ambientes letrados além da sala de aula. A partir dessas especificidades dos conteúdos, o planejamento cotidiano deve integrar e alternar esses três tipos de atividades, sempre considerando as metas previstas para o trabalho ao longo de cada ano.

i) Atividades abertas

As atividades abertas têm por objetivo criar situações em que as crianças aprendam a negociar pontos de vista ou tenham que solucionar algum problema para elaborarem algum conceito ou definição. A escolha desse tipo de atividade está relacionada com a concepção de aprendizagem que orienta a prática pedagógica do professor ou da escola. Nesse sentido, procura-se desenvolver as habilidades cognitivas das crianças de análise e reflexão como conduta para a compreensão de determinados conceitos ou definições. Os exemplos apresentados a seguir podem dar uma idéia sobre esse tipo de atividades.

- Análise das regras ortográficas: pedir aos alunos para ler e comparar as palavras de cada coluna:

  Chave   chefe   chicote
  Xarope xereta xícara

  Solicitar, em seguida, que o aluno discuta com um colega o que as palavras de cada coluna têm de semelhante.

- Análise e comparação da escrita de palavras: organizar os alunos em duplas e pedir que escrevam, com autonomia, uma lista das brincadeiras de que mais gostam. A seguir, solicitar que troquem a lista elaborada com outra dupla e leiam o que foi escrito. Pedir para cada dupla comparar a escrita das palavras nas duas listas (que brincadeiras foram semelhantes e qual é a grafia correta das palavras) e fazer as alterações necessárias. Após o trabalho em duplas, o professor pode fazer uma lista no quadro com os nomes de todas as brincadeiras indicadas pelos alunos, a qual deverá ser explorada num processo de revisão geral da escrita dos alunos.

ii) Atividades fechadas

As atividades fechadas têm por objetivo apresentar conhecimentos que serão aplicados (ou repetidos) pelos alunos. Nesse caso, geralmente, as atividades precisam ser realizadas com autonomia e individualmente pelas crianças. São exemplos de atividades fechadas:

- cópia de textos que pode ter como objetivo desenvolver uma habilidade motora e/ou a atenção;

- escrita de textos memorizados com o objetivo de chamar a atenção do aluno para determinados aspectos da escrita;
- ditados para concentrar a atenção dos alunos em determinados aspectos das palavras. Por exemplo, ditado de palavras com x e *ch*, sem a consulta dos colegas ou material de apoio;
- atividades para completar lacunas. Por exemplo, pedir para o aluno completar a lista de palavras com x ou *ch*: __ efe; __ ave; __arope.

iii) Atividades contextualizadas

O terceiro tipo de atividades refere-se àquelas que promovem experiências contextualizadas de ensino e são dirigidas especificamente para as práticas de letramento. Trata-se de atividades que, ao serem realizadas, se orientam para interlocutores reais, suportes e contextos de circulação para produtos, seja da esfera escolar ou da vida em sociedade. Essas atividades caracterizam-se, de modo geral, por possibilitarem a experiência e familiarização com determinadas funções e usos da escrita, ou seja, pela proposição de situações reais de uso da escrita. Exemplos de atividades desse tipo são

- projeto para a visita a diferentes espaços em que a escrita circula (a biblioteca escolar, a banca de jornais, a rua, as lojas do comércio) e para a exploração de textos de diferentes gêneros presentes nesses espaços;
- projeto para a organização (levantamento, classificação, registro, formas de controle e empréstimos) e uso do acervo de livros e impressos existentes na sala de aula;
- projeto de organização de um mini-mercado: recolhimento em casa de diversas embalagens de produtos alimentícios com o objetivo de sua identificação, classificação e consulta de informações relativas ao consumo desses produtos.

iv) A *presença significativa de atividades lúdicas*

Para que a descoberta e a aprendizagem da leitura e escrita possa ocorrer de maneira prazerosa, é necessário que os professores elaborem atividades criativas que estimulem as crianças a buscarem novos conhecimentos. As atividades lúdicas e as brincadeiras também auxiliam no desenvolvimento do raciocínio e da criatividade. Trata-se, portanto, de um procedimento didático que deve ser utilizado em algumas situações de ensino e aprendizagem (por exemplo, na descoberta e/ou memorização de algumas regras do sistema alfabético por meio da exploração de jogos de memória e no desenvolvimento da consciência fonológica em brincadeiras, jogos e cantigas que trabalham com rimas e aliterações) e que possibilita aos professores aliar prazer e divertimento nas rotinas de trabalho na sala de aula. Exemplos de atividades lúdicas são:

Pif-paf de palavras: destinado aos alunos em fase inicial da alfabetização, esse jogo tem o objetivo de explorar as relações entre fonemas e grafemas. Para isso, as crianças deverão montar palavras usando cartinhas com letras. Enquanto as crianças jogam, o professor não deve corrigir as eventuais trocas de letras. O mais adequado é deixar os próprios alunos dizerem aos colegas que eles escreveram uma palavra errada. Depois de algum tempo, se ninguém tiver percebido, deve-se mostrar a grafia correta.

Jogo da memória: seu objetivo é a memorização das letras do alfabeto. Em uma mesa ou no chão, devem-se espalhar as figuras e as letras viradas, tendo o cuidado de se ter todas as figuras e todas as letras à vista da criança. A criança deverá retirar uma ficha e, observando-a, ver se é letra ou figura. Se for letra, deverá procurar a figura que tem a inicial com aquela letra; se for figura, deverá procurar a letra que é a inicial daquela figura. O fim do jogo ocorrerá quando a criança tiver encontrado todos os pares letra-figura.

Que formas de realização das atividades em sala de aula podem ser exploradas?

Se os critérios anteriores estavam voltados para a natureza do conteúdo a ser ensinado e a tipologia das atividades, agora se trata de considerar quais são as possibilidades de agrupamento dos alunos para a realização das atividades propostas pelo professor. Para o agrupamento dos alunos, é preciso considerar as diferenças das aquisições de conhecimentos e experiências dos alunos com a língua escrita. Essas diferenças, comuns em todas as salas de aula, indicarão para o professor quais atividades podem ser realizadas por todos os alunos ao mesmo tempo, pois envolvem habilidades que todos dominam, e quais precisam ser realizadas por meio de orientações específicas para grupos diferenciados. Nesse sentido, o professor deve estar atento aos seguintes aspectos:

i) é preciso planejar atividades *diferenciadas* para a abordagem dos conteúdos, pois é preciso considerar os diferentes patamares de aprendizagem dos alunos, de forma a propor atividades que respondam à necessidade de progressão de cada um deles;

ii) as atividades são consideradas *coletivas* na medida em que a sua resolução acolhe diferentes formas de participação dos alunos. Um exemplo são as atividades que exploram a compreensão de textos. Todas as crianças podem realizar esse tipo de atividade, independente de seu nível de aprendizagem, desde que o texto seja lido pelo professor ou por uma criança já alfabetizada. O exemplo a seguir apresenta orientações de como uma atividade de leitura e compreensão de textos pode ser realizada em uma classe que possui crianças em diferentes fases da aquisição da língua escrita. A professora pode atuar como leitora do texto e envolver todas as crianças nas atividades de construção de sentidos;

iii) leitura, com pausas, de um texto que "prenda" os leitores pelo desenvolvimento do enredo (como os textos de suspense, por exemplo). A cada pausa, o professor faz perguntas sobre a compreensão do texto e – mais importante – conduz os alunos a explicitarem o processo e os conhecimentos que usaram para compreender a passagem ou para antecipar (tentar adivinhar) o que acontecerá na passagem seguinte. Caso os alunos não compreendam as passagens ou façam antecipações inadequadas, o professor dá "dicas" – traz conhecimento novo pressuposto pelo texto, estabelece relações, faz comparações.

Como definir as formas de participação dos alunos no planejamento?

(i) *As decisões sobre o planejamento das atividades são coletivas*

Outro importante procedimento é o de submeter os alunos à organização do planejamento cotidiano. Essa é uma oportunidade de explicar as metas propostas para a aprendizagem do grupo. Nesse momento, os alunos participam avaliando e analisando as atividades já realizadas nos dias anteriores (o que fizeram, como fizeram e o que ainda precisam fazer).

(ii) *Progressão: recordação e reorganização dos objetivos e definição das próximas tarefas*

A participação dos alunos constitui, ao mesmo tempo, um ponto de partida para a reorganização do planejamento cotidiano e um fim (desenvolver cenários de ligações integrando as ações que vão sendo realizadas ao longo do ano letivo). Assim, a participação das crianças pode ser tanto uma fonte de reajustes no planejamento elaborado pelo professor como pode auxiliar as crianças a tomarem consciência dos aprendizados realizados. Dessa forma, o coletivo pode recordar permanentemente os objetivos fixados para a formação do grupo e propor adequações nas atividades planejadas para alcançá-los.

Particularmente, temos chamado a atenção dos professores para as formas de atuação das crianças em seu desenvolvimento em sala de aula. Isso significa considerar que, após estabelecer as metas de ensino e os procedimentos adequados para alcançá-las, os alunos podem participar da organização e desenvolvimento do trabalho cotidiano. Uma sugestão é que o professor desenvolva seu planejamento em sala de aula tendo em vista:

- a previsão de um tempo inicial da aula para elaborações conjuntas com os alunos;

- um momento para o fechamento da aula com os objetivos de retomada e avaliação do trabalho realizado durante o dia e da auto-avaliação dos alunos;

- a criação de propostas para a continuidade do trabalho no dia seguinte e nos próximos dias, ou seja, a construção da continuidade do trabalho.

A participação dos alunos no planejamento das tarefas cotidianas tem efeito direto na sua implicação no trabalho e na administração do tempo em sala de aula. Para isso, recomenda-se que, no início de cada aula, o professor apresente para os alunos as atividades programadas e, juntos, procurem organizar a sua distribuição ao longo dos horários previstos no trabalho da escola. Os critérios para a distribuição do tempo precisam levar em conta os procedimentos, as formas de agrupamentos dos alunos e os materiais necessários para a realização das atividades previstas. Durante essa organização, os alunos estabelecem a progressão do trabalho ao longo da aula e as formas de acompanhamento do cronograma proposto.

Uma estratégia interessante para essa organização é a elaboração de uma agenda com as crianças.[5] Essa agenda de

---

[5] Ver, neste livro, o texto de Gomes, Dias e Silva sobre o registro da rotina feito por professores e alunos de uma turma de alfabetização.

trabalho pode ser registrada no quadro, após ser discutida com os alunos. A realização cotidiana de elaborar junto com os alunos a agenda e sua consulta ao longo do dia também contribui para o desenvolvimento da habilidade de leitura de horários e auxilia na identificação do uso da escrita no planejamento de atividades escolares.

Outra atividade importante que professor e alunos devem prever, para o final de cada dia de trabalho, é a reflexão sobre as ações que realizaram. Com base no levantamento das atividades previstas na agenda do dia, são identificadas aquelas que foram efetivamente realizadas e avaliadas as formas como o trabalho foi desenvolvido.

Essa atividade de avaliação, fundamental no desenvolvimento do planejamento, possibilita ao alfabetizador introduzir mudanças em seu planejamento e adequar ou replanejar as ações previstas. A reflexão coletiva pode se orientar pelas seguintes questões:

- Que atividades previstas na rotina de trabalho foram realizadas?
- Que aspectos (tempo, organização dos alunos, material, imprevistos) interferiram na realização das atividades programadas?
- O tempo previsto se ajustou bem às atividades? O que poderia ser modificado?
- Que atividades que requisitaram mais tempo de trabalho e por que isso aconteceu?
- Como os alunos participaram das atividades previstas? Como avaliam o que conseguiram aprender neste dia? Quais foram as suas dificuldades?

Assim, propomos a previsão de um tempo na agenda de trabalho que, sem ser exaustivo nem esgotar possibilidades, seja suficiente para a reflexão de como a agenda de trabalho está sendo ou não cumprida.

Ainda com base nessa avaliação do trabalho diário, cabe, finalmente, ao professor e aos alunos, tomarem decisões sobre a continuidade do planejamento entre uma aula e outra. Trata-se de conhecer, a cada dia, como o grupo de alunos está caminhando no sentido de cumprir as rotinas propostas, para vislumbrar o que poderá ainda ser previsto ou modificado a fim de ser incorporado na agenda no dia seguinte. Conseqüentemente, o processo de organização da agenda, no dia seguinte, precisa retomar as atividades previstas e não concluídas no dia anterior, para que sejam replanejadas.

Concluindo

Após a apresentação desses procedimentos didáticos para a organização das atividades, o que se propõe é que o trabalho de planejar suponha também a ação de replanejar, entendida como ação congruente com uma avaliação de processos e de produtos esperados. Esse movimento implica compartilhar metas – com os alunos, com suas famílias e com a equipe pedagógica –, reavaliando sempre sua pertinência e sua efetiva realização. Implica, ainda, propor formas alternativas de organização dos alunos, a partir de metas não alcançadas ou parcialmente atingidas.

O mais importante é não se perder de vista a sintonia entre o tempo escolar e o tempo de aprendizagem dos alunos. Deve-se considerar que os processos de alfabetização e letramento precisam ser trabalhados de forma contínua ao longo dos primeiros anos de escolaridade, sempre estabelecendo uma visibilidade dos objetivos de trabalho a serem alcançados e sistematizando as ações para concretizá-lo. Um planejamento desprovido de metas, metodologias e meios representa um obstáculo à autonomia do professor, pois anula sua capacidade de regular o próprio trabalho, de conhecer o impacto de sua atuação ou de mudar seu curso.

O planejamento é, portanto, condição necessária para que se mantenha nítido o horizonte das ações pedagógicas em torno da alfabetização e do letramento e do domínio de capacidades que propiciem ao aluno ler e escrever com progressiva autonomia e se engajar em práticas sociais da leitura e da escrita.

Referências

BASIL, B. *A estruturação do discurso pedagógico. Classe, códigos e controle.* Petrópolis: Vozes, 1996.

CEALE/FaE/UFMG. *Coleção Instrumentos da Alfabetização,* v. 1, 2, 3, 4, 5, 6, 7. Belo Horizonte, 2005.

HERNANDEZ, F. *Transgressão e mudança na educação: os projetos de trabalho.* Porto Alegre: Artmed, 1998.

SILVA. C. S. R.; FRADE, I. C. A. S. *A organização do trabalho da alfabetização em sala de aula.* Belo Horizonte: Ceale/UFMG, 2006.

RANGEL, E. O.; BAGNO, M. *Dicionários em sala de aula.* Brasília: Ministério da Educação, Secretaria de Educação Básica, 2006. Disponível em: <http://portal.mec.gov.br/seb/arquivos/pdf/Avalmat/polleidicio. pdf>. Acesso em 26 jun. 2008.

O registro da rotina do dia e a construção de oportunidades de aprendizagem da escrita

Maria de Fátima Cardoso Gomes
Maira Tomayno de Melo Dias
Luciana Prazeres da Silva

Nos últimos anos, mais e mais professores iniciam suas aulas definindo, juntamente com seus alunos, a agenda de atividades do dia que será desenvolvida pela turma. Denominada por *Agenda* ou *Rotina*, a lista de atividades e os horários em que elas deverão acontecer são registrados no quadro, enquanto o professor apresenta suas propostas de trabalho e os alunos fazem seus comentários, indagações e, às vezes, contestações. Alguns autores (BATISTA *et al.*, 2005; CASTANHEIRA; SILVA; MEIRELLES (no prelo); CURTO; MORILLO; TEIXIDÓ, 2000) defendem que esse momento (de definição e registro de uma agenda de trabalho) permite que os alunos aprendam sobre os usos e as funções sociais da escrita. Tal defesa se insere no bojo das discussões sobre o ensino da escrita na perspectiva do letramento, por criar, em sala de aula, possibilidades reais de uso da escrita semelhantes àquelas existentes fora da escola. A Rotina ou Agenda do Dia seria vista, portanto, como uma dessas possibilidades.

Apesar de essa prática de trabalho se tornar cada vez mais freqüente nas salas de aula, não se examinou, ainda, *se*, *o que* e *como* os alunos em fase inicial de alfabetização podem aprender sobre a escrita ao participar de uma atividade como essa. Enfim, indagamos: O que os alunos podem aprender sobre a escrita quando participam, com seu professor, da elaboração e registro da Agenda ou Rotina de atividades no início de cada dia de aula?

Neste texto, buscaremos responder a essa pergunta por meio da análise de uma interação estabelecida entre uma professora alfabetizadora de uma escola pública em Belo Horizonte e seus alunos de seis anos idade.[1] A observação dessa turma ao longo do ano permitiu a identificação de um evento interacional[2] diariamente construído pelos participantes desse grupo: o *Registro da Rotina do Dia*.

Na análise realizada, destacaremos as oportunidades de aprendizagem da estrutura silábica das palavras. Escolhemos um caso expressivo[3] (*telling case*, Cf. MITCHELL, 1983, 1984), ocorrido durante o evento *Registro da Rotina do Dia*, em 2 de junho de 2006, para discussão neste texto. Interessa-nos demonstrar como se relacionam, em sala de aula, os processos de alfabetização e letramento, por meio da articulação entre o trabalho com um gênero textual e o estudo de características estruturais do sistema de escrita. Isso porque esse caso

---

[1] A referida escola de Ensino Fundamental é situada no campus UFMG. A admissão dos alunos é feita por sorteio, o que resulta em grande diversidade social, econômica e de experiências educacionais prévias, entre os alunos.

[2] Castanheira (2007, p. 79) define esse evento como "o conjunto de atividades delimitado interacionalmente em torno de um tema comum num dia específico. Um evento é identificado analiticamente observando-se como o tempo foi usado, por quem, em que, com que objetivo, quando, onde, em que condições, com que resultados, e como os membros [do grupo] sinalizam mudança na atividade".

[3] Um caso expressivo é uma narrativa detalhada de casos etnograficamente identificados, que fornece elementos para a produção de inferências teóricas necessárias à construção de conhecimento sobre determinado tema.

expressivo nos dará oportunidade de refletir sobre como, no processo interacional em sala de aula, articulam-se o uso e o conhecimento de um gênero textual, no caso a Agenda ou Rotina do Dia, ao estudo sobre características estruturais do sistema de escrita do português, no caso a estrutura silábica das palavras.

O estudo e seu contexto

A análise apresentada neste texto integra um estudo etnográfico,[4] iniciado há dois anos, que tem como um de seus objetivos gerais compreender como os participantes de uma sala de aula (professora e alunos) constroem, por meio de suas interações, oportunidades de aprendizagem da escrita à medida que interagem em sala de aula. Nessa pesquisa em andamento, temos observado o empenho com que a professora dedica, diariamente, parte do tempo da aula para a apresentação, discussão e registro da Rotina do Dia com o envolvimento de seus alunos.

Tal registro faz parte do cotidiano da sala de aula e suas características foram sendo estabelecidas e modificadas durante o ano. No início do ano escolar, a professora costumava escrever os itens da rotina no quadro e, em seguida, solicitava aos alunos que realizassem com ela a leitura oral das anotações que havia feito. Na medida em que os alunos apresentaram um domínio maior da leitura e da escrita, a professora solicitou que eles soletrassem as palavras que compunham a Rotina para

---

[4] O estudo está sendo desenvolvido em uma turma constituída por 13 meninos e 12 meninas, com idade entre seis e sete anos e experiência escolar prévia diversificada: alguns fizeram pré-escolar, outros não. De acordo com a organização dessa escola, uma turma é acompanhada por uma professora referência durante o período de um ciclo de formação (3 anos). A professora Luciana, portanto, é a professora referência do grupo observado.

61

que ela pudesse escrevê-las no quadro. Com esse progressivo envolvimento dos alunos, chegou o momento em que eles passariam a escrever no quadro as palavras que a professora soletrava. A cada dia, um aluno era escolhido como o escriba da turma. Essas várias situações possibilitaram diferentes oportunidades de aprendizagem da escrita para os alunos; contudo, como destacamos, nos deteremos nas oportunidades de aprendizagem da estrutura silábica das palavras.

O nosso estudo é orientado pelo entendimento de que os participantes da sala de aula (professora e alunos) vão estabelecendo padrões para agir e usar a linguagem, ou seja, vão construindo a cultura da sala de aula[5], que é tomada como referência para o engajamento nas atividades que serão desenvolvidas pela turma. Aqui, entendemos que a cultura é um sistema conceitual cuja superfície aparece nas palavras, quando as pessoas usam a linguagem. Por sua vez, a linguagem é uma prática social e, conseqüentemente, as maneiras de produzir sentido com a linguagem, falando, escrevendo ou compreendendo, dependem de interações e ações, dependem do contexto em que a atividade lingüística ocorre.

Além disso, consideramos que, na escola, a linguagem não é apenas constitutiva da cultura da sala de aula, mas também se torna objeto de estudo (GERALDI, 1991; KATO, 1986; GOMES; MONTEIRO, 2005; SOARES, 1999). No evento analisado neste texto, veremos que, ao produzirem a Rotina

---

[5] De acordo com Collins e Green (1992), Green e Harker (1982), a sala de aula funciona como uma cultura, em que os membros (re)constroem maneiras para interagirem uns com os outros e com objetos nas práticas culturais de que participam. Essas maneiras de interação entre participantes do grupo, por seu turno, levam a formas particulares de fazer e conhecer, bem como à construção do conhecimento comum e de enquadramentos que orientam a interpretação e a participação no grupo.

do Dia, a professora e os alunos, simultaneamente, realizam uma prática de uso social e escolar da linguagem e tornam a escrita de palavras objeto de estudo.

A próxima seção apresenta a análise de como, ao tomarem a linguagem escrita como objeto de estudo, os alunos e a professora focalizam a estrutura silábica das palavras. Por meio dessa análise, buscaremos evidenciar os seguintes aspectos:

- como a professora desenvolve esse trabalho com os alunos, ou seja, que ações ela realiza nesse processo;
- quais oportunidades de aprendizagem da estrutura silábica das palavras resultam da interação entre professora e alunos nesse evento.

Descrição geral de evento Rotina do Dia

A identificação de um evento a ser analisado como um caso expressivo resulta de um processo de inserção do pesquisador no campo de pesquisa, nesse caso a sala de aula, para a construção de um conhecimento da história do grupo observado e das suas práticas discursivas e de ensino. O processo de análise do evento requer que o pesquisador realize uma transcrição criteriosa do registro feito em vídeo que permita analisar quem fez ou falou o quê, com quem, quando, onde, de que maneira e com que conseqüências. Esse trabalho estará parcialmente representado nesta seção. Em um primeiro momento, buscaremos dar uma visão panorâmica do evento. Em seguida, apresentaremos uma micro-análise de um segmento selecionado, para exemplificarmos como os participantes se engajaram no registro da Rotina do Dia e o que tiveram oportunidade de aprender nesse processo.

O evento que será analisado neste texto, ocorrido em meados do ano letivo, teve a duração de 15 minutos e 9 segundos. Como acontecia todos os dias, a professora Luciana entrou na sala, cumprimentou os alunos e anunciou a escrita da Rotina do Dia. Esse evento foi constituído de diferentes subeventos. Nele, os participantes soletraram as palavras que compuseram a rotina do dia; escreveram no quadro as palavras em letra cursiva e de imprensa; leram e copiaram as palavras registradas no quadro em seus cadernos; refletiram sobre como se escrevem essas palavras e sobre sua composição silábica. No Quadro 1, apresentamos uma síntese de algumas partes desse evento.

QUADRO 1 – Síntese descritiva da interação entre participantes no evento Rotina da Sala de aula

Linha	Participantes/ falantes[1]	Descrição da interação entre participantes considerando os tópicos discutidos
216-233	Professora, Manuela	A professora pede ajuda a Manuela para escrever o quinto item da Rotina do Dia, PARA CASA. Manuela soletra as letras dessa expressão e a professora a escreve no quadro em letra de imprensa e cursiva. Quando a professora termina o registro, Manuela conta quantas vezes a letra "a" se repete em PARA CASA. Pedro vai ao quadro, aponta as letras repetidas. A professora enfatiza a reflexão desses dois alunos ao dizer para toda a turma: "1, 2, 3, 4. Isso mesmo, tem quatro 'as'".
234-244	Professora e Júlia	A professora pede a Júlia para ajudá-la a escrever o sexto item da Rotina, BRINQUEDO. Ao ouvir a palavra BRINQUEDO, a turma toda vibra: "Oooobaaaaaa!!!".
245-376	Professora, Ana Carolina e Hermes	A professora volta a perguntar a Júlia como é que se começa a escrever BRINQUEDO. Dois alunos, Ana Carolina e Hermes, apresentam respostas alternativas: BI e BIN, respectivamente. A partir daí, inicia-se a discussão sobre a estrutura silábica das palavras que se torna objeto de reflexão dos participantes no restante do evento.

* Nesse quadro, destacamos como participantes aqueles que fizeram uso da palavra. Entretanto, é importante considerar que o restante da turma manifestou uma escuta ativa que, em muitos momentos, resultava em intervenções da professora com um dos alunos.

O QUADRO 1 está organizado da seguinte maneira: na primeira coluna, registramos os números das linhas da transcrição da gravação do evento em fita de vídeo; na coluna do meio, indicamos os participantes que tomaram a palavra durante o evento; e, finalmente, na última coluna, descrevemos partes desse evento, a partir da indicação dos tópicos discutidos pelos participantes. A síntese apresentada nesse quadro refere-se a uma pequena parcela do evento analisado, em torno de três minutos de um total de 15.

No primeiro momento descrito no QUADRO 1 (linhas 216-233), a professora e os alunos estão envolvidos na escrita da expressão PARA CASA, o quinto item da Rotina do Dia. Manuela é a aluna a quem a professora solicitou que soletrasse essa expressão. Ela soletra todas as letras das palavras PARA CASA, sem dificuldades, e a professora as escreve no quadro nas letras cursiva e de imprensa. Esse registro proporciona aos alunos a oportunidade de refletir quanto à composição das palavras.

Conforme descrito no QUADRO 1, Manuela, Pedro e, por extensão, toda a turma observam a quantidade de vezes em que a letra "a" aparece na expressão PARA CASA. Essa observação pode ser vista como expressão de uma reflexão comumente vivenciada por crianças em fase de aquisição da escrita. Conforme Ferreiro e Teberosky (1986), crianças nessa fase têm como hipótese que deve haver uma variedade de caracteres na composição das palavras. Assim, o registro da expressão, no quadro, pela professora possibilitou aos alunos observar que é possível que um mesmo caractere, no caso a letra "a", se repita numa mesma palavra ou em duas palavras que compõem uma expressão. Essas ações tomadas pela professora e pelos alunos demonstram como a escrita das palavras se constitui, nesse evento, como objeto de estudo na sala de aula.

Na próxima etapa dos trabalhos indicada no QUADRO 1, a professora solicita a Júlia que soletre o sexto item da Rotina, a palavra BRINQUEDO. Ao ver que essa atividade comporá a Agenda do Dia, os alunos gritam "Ooooobaaa!!!", o que demonstra a sua familiaridade e preferência em relação a essa atividade.

Quadro 2 – A escrita e a soletração da palavra BRINQUEDO e reflexão sobre estrutura silábica

Linha	Professora	Ana Carolina	Hermes	Descrição da ação dos participantes
245	Me ajuda, Júlia,			
246	a escrever brinquedo			
247	como é que começa			
248		B I		Professora escreve no quadro BRI e pára.
249			B I N	
250	Espera aí,			Nessa hora, a professora sai do quadro e vai para a mesinha falar com Ana Carolina.
251	Deixa eu entender			
252	o que a Ana Carolina			
253	está falando			
254	aqui			
255	Primeiro o quê?			
256		Consoante é primeira		
257		e a segunda é vogal		
258	A segunda tem que ser vogal			A professora volta ao quadro e aponta a palavra CHEGADA, registrada no início do evento.
259	Mas dá uma olhadinha nessa			
260	palavra aqui ó			
261	"C" é consoante?			
262		não		
263	"C" é o quê?			
264	Vogal?			
265		não		
266			Não, professora,	
267			Ela tá falando	
268			que toda palavra	
269			tem que ter uma	
270			consoante	
271			e vogal também	
272	Pode ter palavra só com vogal?			
273		não		
274			vogal é A-E-I-O-U	Hermes volta-se para a câmera.
275	sempre tem que ter			
276	Tem			O "aqui" se refere à palavra A da expressão A CASA escrita no quadro pela professora.
277	vogal é A-E-I-O-U			
278	Ah! E			
279	isso aqui			
280	não é uma palavra,			
281	não?			
282	olha			

Como registrado no QUADRO 1, após essa manifestação dos alunos, a professora volta a perguntar a Júlia como se começa a escrever BRINQUEDO. Dois alunos, Ana Carolina e Hermes, apresentam respostas alternativas: BI e BIN, respectivamente. No QUADRO 2, apresentamos de forma detalhada como os participantes se envolveram na reflexão sobre a composição das palavras e sua estrutura silábica, iniciada com a discussão sobre a escrita da palavra BRINQUEDO.

O QUADRO 2 está organizado em cinco colunas. Na primeira, indicamos as linhas da transcrição correspondentes às falas dos participantes, que estão registradas nas segunda, terceira e quarta colunas. Na última coluna, descrevemos a ação desses participantes, para esclarecer o que estava acontecendo em sala de aula. Como vimos nesse quadro, da linha 245 até a 249, temos a solicitação da professora a Júlia e as respostas dadas por Ana Carolina e Hermes. Conforme indicado na última coluna, a professora escreve no quadro a sílaba BRI da palavra BRINQUEDO e pára para ficar atenta às sugestões feitas pelos alunos. Após escrever as 3 primeiras letras dessa palavra (BRI), volta-se para a turma e diz que precisa entender o que Ana Carolina está falando (linhas 250-255).

Nas linhas 256-257, em resposta ao registro feito pela professora da sílaba BRI, Ana Carolina diz: "Consoante é primeira, e a segunda é vogal". Esse comentário da aluna demonstra o seu estranhamento em relação ao registro feito pela professora no quadro. Por sua vez, a professora responde ao comentário da aluna chamando sua atenção para a palavra CHEGADA, que havia sido registrada anteriormente (linhas 258-265). A professora vai ao quadro e aponta a palavra CHE-GADA, perguntando na linha 261, "C é consoante?". Ana Carolina diz "não" (linha 262), e a professora questiona, "C é o quê? Vogal?" (linhas 263-264). Ana Carolina diz que não novamente (linha 265).

Nesse momento, a professora é interrompida por Hermes que busca esclarecer a hipótese da sua colega, dizendo: "Não, professora, ela tá falando que toda palavra tem que ter uma consoante e uma vogal também" (linhas 266-271). Novamente, vemos um aluno expressar uma hipótese sobre a escrita de palavras que é comumente feita por aprendizes em fase inicial de aquisição da escrita. Esses aprendizes elaboram tal hipótese não sem razão, visto que a estrutura silábica CV (consoante-vogal), conhecida como sílaba canônica, é a mais freqüente na escrita do português.

A professora propõe uma questão que desafia a validade da hipótese manifestada por Hermes, ao dizer: "Pode ter palavras só com vogal?" (linha 272). Ana Carolina é taxativa: "não" (linha 273). Hermes complementa as informações, dessa vez olhando para a câmera, explicando que "vogal é A-E-I-O-U" (linha 274). Em resposta a Hermes, a professora diz: "sempre tem que ter, tem, vogal é A-E-I-O-U" (linhas 275-277). Entretanto, ela continua a desafiar os alunos escrevendo no quadro as palavras A CASA e indagando: "Isso aqui [apontando a letra "a"] não é uma palavra, não? Olha." (linhas 279-282).

A conversa entre professora e alunos, representada no QUADRO 2, possibilita ver como a professora conduz a reflexão do grupo sobre a composição das palavras, propondo questões e apresentando exemplos – registrados no quadro – que são tomados como objeto de análise. Esse processo de reflexão, conduzido pela professora no momento de composição da Rotina do Dia, irá continuar por vários minutos e incluirá novos desafios e tópicos. Por exemplo, o registro A CASA, feito no quadro, continuará a ser objeto de atenção, quando a professora constata que alguns alunos ainda não diferenciam letras de palavras. Nesse caso, ela propõe perguntas como: "Quantas letras tem aqui [apontando para A CASA, registrada no quadro]? Quantas palavras?".

Após conferir com os alunos o número de letras e palavras presentes em A CASA, a professora analisa juntamente com eles a composição dessas palavras em termos do uso de consoantes e vogais. Ao final, alunos e professora verificam que uma palavra, de apenas uma letra, no caso uma vogal (o artigo A), pode ser lida. Além disso, todos observam que a palavra CASA corresponde perfeitamente à hipótese levantada por Ana Carolina de que palavras são escritas pela seqüência de consoantes e vogais. Após essa análise, entretanto, a professora parece ter reconhecido a necessidade de continuar com essa reflexão. Nesse momento, ela, novamente, desafia os alunos a refletirem sobre a composição da palavra CHEGADA. No QUADRO 3, a seguir (pág. 70), apresentamos a finalização dessa seqüência de atividades.

Conforme pode ser visto, o QUADRO 3 tem estrutura semelhante ao QUADRO 2: na primeira coluna, são apresentadas as linhas da transcrição das falas dos participantes, presentes nas segunda e terceiras colunas, e na última coluna são apresentadas as ações deles. O QUADRO 3 demonstra que a professora retoma a análise da composição das palavras em consoantes e vogais, dizendo aos alunos: "Ah, mas aí eu perguntei o seguinte, se na palavra chegada tem uma consoante e logo depois uma vogal" (linhas 329-335) Ao propor novamente essa questão, Luciana retoma o foco da discussão e apresenta nova possibilidade de análise que trará elementos para a revisão da hipótese levantada por Ana Carolina. É diante desse novo desafio que a aluna responde demonstrando ter finalmente compreendido que as palavras podem apresentar diferentes estruturas silábicas diferentes da sílaba canônica CV: ela vai ao quadro e, utilizando o próprio nome como exemplo, nota que, além de palavras compostas somente por sílaba CV, como é o caso de "Carolina", há palavras com sílabas diferentes do padrão CV, como é o caso "Ana", que apresenta uma sílaba V (linhas 357 a 369). Em resposta à demonstração da aluna, a professora valida

Quadro 3 – Discussão sobre a presença de consoantes e vogais nas palavras

Linha	Professora	Ana Carolina	Descrição da ação dos participantes
329	ah!		
330	mas aí		Escreve a palavra CHEGADA no quadro.
331	eu perguntei		
332	o seguinte		
333	se na palavra chegada		
334	tem uma consoante		
335	e logo depois uma vogal?		
336	vamos ver?		
337	"C" é consoante, não é?		
338	e "H"?		
339		Também é	
340	também é		
341	e o "E"?		
342		Vogal	Todos repetem vogal.
343	ah!		
344	então		
345	aqui eu tenho		
346	consoante		
347	consoante		
348	vogal		
349	num dá pra ler,		
350	não?		
351		Dá	Olhando para Ana Carolina.
352	eu achei,		
353	Carolina,		
354	que só podia ser		
355	consoante com vogal		
356	Pode ter duas consoantes?		
357		ah!	Ana Carolina vai ao quadro e
358		igual isso	enquanto escreve seu nome vai
359		A é uma vogal	dizendo se a letra é consoante
360		N é consoante	ou vogal.
361		A é vogal	A turma e a professora observam
362		C é consoante	Ana Carolina.
363		A é vogal	
364		R é consoante	
365		O é vogal	
366		L é consoante	
367		I é vogal	
368		N é consoante	
369		A é vogal.	
370	isto		
371	muito bem		
372	semana que vem		
373	nós vamos começar a fazer		
374	isso		
375	com nossos nomes,		
376	tá?		

a conclusão dela e anuncia que a reflexão sobre a composição das palavras a partir dos nomes dos participantes da turma, conforme acabara de ser realizada por Ana Carolina, seria retomada e desenvolvida na próxima semana (linhas 370 a 376).

Considerações finais

Neste texto, buscamos demonstrar como o trabalho com gêneros textuais em sala de aula pode ser aliado ao estudo das características do sistema de escrita por meio da análise de situações em que os alunos são levados a refletirem sobre a composição de palavras escritas (por exemplo, variação de caracteres e alternância de vogais e consoantes nas sílabas das palavras escritas), enquanto estão envolvidos na elaboração e registro da agenda diária de trabalhos. A análise apresentada buscou focalizar as ações realizadas pela professora e seus alunos à medida que esses se envolviam na construção das oportunidades de aprendizagem em sala de aula.

Conforme pode ser visto a partir dos exemplos apresentados, alunos e professora se engajaram de forma colaborativa ao proporem desafios aos demais, apresentarem exemplos ou buscarem esclarecer como estavam pensando ou o que um colega pretendia dizer. Por exemplo, atenta às manifestações e comentários dos alunos, a professora apresentava questões aos alunos a partir de exemplos listados no quadro (levou-os, por exemplo, a analisar a composição de "Brinquedo", "A casa", "Chegada") e os conduzia em seu processo reflexivo. O modo como os alunos respondiam a esses desafios aponta para o fato de que a turma observada desenvolveu maneiras diversas de participar das atividades propostas pela professora durante o ano escolar: seja, por exemplo, com um aluno complementando as idéias dos colegas ou indo ao quadro para exemplificar o que estava dizendo, seja buscando explicitar sua compreensão de hipóteses levantadas por colegas.

Se, por um lado, a professora apresentava desafios aos alunos, por outro, havia também espaço no grupo para que as respostas a esses desafios fossem demonstradas sem o risco de serem desprezadas ou mesmo ridicularizadas. A tranqüilidade com que os alunos se engajaram nesse processo reflexivo é indicativa de que o grupo construiu um espaço interacional em que o foco era refletir para aprender e é indicativa de como oportunidades de aprendizagem resultam do engajamento e da colaboração entre os participantes da turma. Assim, as intervenções da professora e dos alunos podem ser vistas como constitutivas das oportunidades de aprendizagem em sala de aula. A conclusão dos trabalhos com a Rotina do Dia, representada no QUADRO 3, permite ver, por exemplo, como a professora planeja explorar a contribuição de Ana Carolina (que tomou o próprio nome para análise), para continuar a reflexão sobre a composição das palavras na semana seguinte.

Finalmente, destacamos que a análise apresentada neste texto possibilita ver como, no processo interacional em sala de aula, o registro da Rotina, no quadro, possibilitou tanto a vivência dos usos e funções do gênero textual Agenda ou Rotina do Dia (com o estabelecimento das atividades e dos horários de sua realização), como o estudo da escrita das palavras, com destaque para as estruturas silábicas do português. Dessa forma, podemos dizer que a articulação entre alfabetização e letramento pode ocorrer em sala de aula, desde que os professores estejam atentos às demandas envolvidas no processo de escrita, seja do ponto de vista da observação das características e funções do gênero explorado, seja do ponto de vista daquilo que é necessário saber para produzi-lo. No caso analisado, para se produzir a Agenda do Dia, os alunos deveriam saber escrever as palavras que descreveriam as atividades a serem realizadas.

Referências

BATISTA, A. A. G. et al. *Planejamento da alfabetização*. Belo Horizonte: Ceale/FaE/UFMG, 2005. (Coleção Instrumentos da Alfabetização, v. 4).

CASTANHEIRA, M. L. *Aprendizagem contextualizada: discurso e inclusão na sala de aula*. Belo Horizonte: Ceale; Autêntica, 2004.

CASTANHEIRA, M. L.; GREEN, J. L.; DIXON, C. Práticas de letramento em sala de aula: uma análise de ações letradas como construção social. *Revista Portuguesa de Educação*, 20 (2), p. 7-38. CIED – Universidade do Minho, 2007.

CASTANHEIRA, M. L.; GREEN, J. L; DIXON, C.; YEAGER, B. Reformulating identities in the face of fluid modernity: an interactional ethnographic approach. *International Journal of Educational Research*, v. 46, p. 164-172, 2007.

CASTANHEIRA, M. L.; SILVA, C. S. R.; MEIRELES, R. *Textos em contexto: análise exploratória dos usos e funções de textos escritos em uma turma de 1º ciclo do Ensino Fundamental*. (No prelo).

COLLINS, E.; GREEN, J. L. Learning in classroom settings: making or breaking

a culture . In: MARSHALL, H. (Ed.). *Redefining students learning: roots of educational*

changes. Norwood (N.J.): Ablex, 1992.

DIXON; C.; GREEN, J. L. Studying the discursive construction of texts in classrooms through interactional ethnography. In: BEACH, R.; GREEN, J.; KAMIL, M.; SHANAHAN, T. *Multidisciplinary perspectives on literacy research*. Cresskill, NJ: Hampton Press, 2005. p. 349-390.

FERREIRO, E.; TEBEROSKY, A. *Psicogênese da língua escrita*. Porto Alegre: Artes Médicas, 1986.

GERALDI, J. W. *Portos de passagem*. São Paulo: Martins Fontes, 1991.

GOMES, M. F. C.; MONTEIRO, S. M. *A aprendizagem e o ensino da linguagem escrita*. Belo Horizonte: Ceale/FaE/UFMG, 2005. (Coleção Alfabetização e Letramento).

GOMES, M. F. C.; MORTIMER, E. F. Histórias sociais e singulares de inclusão/exclusão na aula de química. In: *Cadernos de Pesquisa*, São Paulo: Fundação Carlos Chagas, n. 1, p. 237-266, 2008.

GREEN, J.; WALLAT, C. What is an instructional context? An exploratory analysis of conversational shifts across time. In: GARNICA, O.; KING, M. (Ed.). *Language, children and society*. London: Pergamon Press, 1981, p. 159-188.

GREEN, J.; HARKER, J. O. Gaining access to learning: conversational, social, and cognitive demands of group participation. In: WILKINSON, L. C. (Ed.). *Communicating in the classroom*. New York: Academic Press, 1982.

KATO, M. *No mundo da escrita: uma perspectiva psicolingüística*. São Paulo: Ática. 1986. (Série Fundamentos).

MITCHELL, J. C. Case and situation analysis. *Sociological Review*, 31 (2), p. 187-211, 1983.

MITCHELL, J. C. Typicality and case study. In: ELLENS, R.F. (Ed.) *Ethnographic research: a guide to general conduct*. New York: Academic Press, p. 238- 241, 1984.

SOARES, M. *Letramento: um tema em três gêneros*. Belo Horizonte: Autêntica, 1999.

VYGOTSKY, L. S. *A formação social da mente*: o desenvolvimento dos processos psicológicos superiores. São Paulo: Martins Fontes, 1989.

VYGOTSKY, L. S. *Obras escogidas*. Madrid: Aprendizage, Visor, 1996.

Avaliação da leitura e da escrita nos primeiros anos do Ensino Fundamental

Delaine Cafiero
Gladys Rocha

Tem crescido no Brasil, desde a década de 1990, o interesse por avaliações externas que dão informações sobre como estão os níveis de leitura dos alunos do Ensino Fundamental e do Ensino Médio. Avaliações externas ou avaliações sistêmicas são produzidas com a intenção de dar ao gestor (geralmente as secretarias de educação do município, do Estado, do País) informações que podem orientar a implementação de políticas públicas de educação. Avaliações dessa natureza permitem a construção de um diagnóstico do sistema de ensino, revelando os saberes construídos pelos alunos em diversos momentos do seu percurso escolar. Esse tipo de avaliação é um instrumento que tem como finalidade gerar ações voltadas para a correção de distorções no ensino, o que implica ações de apoio técnico e financeiro à escola. A idéia básica é de que toda criança tem direito a uma escola que ensine de fato. Isto é, todo aluno, independentemente de suas condições econômicas e sociais, em qualquer lugar do País, tem direito a uma educação de qualidade. Trata-se, assim, de um instrumento externo à escola que se coloca a serviço da sociedade, pois ajuda a verificar se a escola está ensinando aquilo que é necessário ensinar.

Na onda de avaliações que têm sido implementadas, o fato mais recente é a avaliação de alunos dos primeiros anos do Ensino Fundamental, a avaliação da alfabetização. Se a avaliação externa já gerava polêmica, o que dizer então de uma avaliação de crianças tão pequenas, de sete ou de oito anos. Quando essas avaliações chegam à escola, ou, principalmente, quando seus resultados chegam, são recebidas com desconfiança. Essa desconfiança é decorrente de vários fatores, como a maneira como as escolas passam a ser vistas e avaliadas de acordo com a classificação que lhes é atribuída com base nos resultados, o entendimento, pelo professor, de que esses resultados não representam os processos e aprendizagens de seus alunos e o caráter punitivo de certas políticas administrativas desenvolvidas em diferentes níveis do sistema educacional. Além desses fatores, nos parece importante ressaltar o fato de os professores e os especialistas nem sempre terem acesso às condições de produção da avaliação e nem sempre conhecerem seus objetivos educacionais. Muitas vezes a falta de conhecimentos sobre quem elaborou a prova, sobre os pressupostos dessa elaboração e sobre a metodologia usada contribuem para que as possibilidades de interpretação e uso dos resultados na orientação das práticas pedagógicas sejam pouco aproveitadas.

É muito comum o questionamento: O que essas avaliações externas têm a ver com a sala de aula? Como não se legitimam as condições de produção da avaliação, os resultados apresentados não são considerados, e, assim, há pouco efeito das avaliações externas na escola, quando deveria ser exatamente o contrário. Isto é, os resultados dessas avaliações deveriam funcionar como um diagnóstico importante para gerar mudanças. Esse quadro leva a questionar: Afinal, como as avaliações externas podem contribuir para gerar transformações na sala de aula?

Neste trabalho temos por objetivo discutir a avaliação da alfabetização externa à escola como instrumento que possibilita não só diagnosticar problemas de leitura e escrita, como também permite induzir ações e redirecionar trajetórias para garantir o direito a uma educação de qualidade, independentemente das condições econômicas e sociais de um dado grupo. Tomando como referência avaliações sistêmicas, como o Sistema Nacional de Avaliação da Educação Básica (SAEB), a Prova Brasil e a Avaliação da Alfabetização em Minas Gerais[1] e com base nos conceitos de alfabetização e letramento de Soares (1999), buscamos responder às questões: Por que avaliar a alfabetização? Que habilidades de leitura e escrita os alunos desenvolvem já nas séries iniciais do Ensino Fundamental? O que fazer com os resultados? O objetivo central do trabalho é mostrar que o diagnóstico da alfabetização realizado por avaliações externas pode ser bastante útil para o dia-a-dia da escola.

Por que avaliar a alfabetização?

A idéia de avaliar a alfabetização surge da necessidade de obtenção de informações sobre o quadro do ensino quando ainda é possível corrigir os percursos dos alunos. Isto é, surge da necessidade de diagnosticar os níveis de aprendizagem do alfabetizando em momentos mais precoces da escolarização, de modo a poder encontrar caminhos alternativos para que a criança aprenda a ler e a escrever.

Para situarmos as avaliações externas como diagnóstico na alfabetização, é necessário fazer um breve histórico da implementação de duas avaliações de abrangência nacional: o SAEB e a Prova Brasil, ambas implementadas pelo Instituto

---

[1] Participamos, juntamente com a equipe do Centro de Alfabetização, Leitura e Escrita (Ceale) da Faculdade de Educação da Universidade Federal de Minas Gerais, da experiência de avaliar as crianças mineiras desde 2005. Essa avaliação faz parte do SIMAVE – Sistema Mineiro de Avaliação.

Nacional de Estudos e Pesquisas Educacionais Anísio Teixeira (INEP), órgão do Ministério da Educação (MEC).

O SAEB teve sua primeira aplicação nacional em 1990, mas somente a partir de 1995 foi aplicada uma metodologia que permitisse comparar os resultados de um ano para outro. Em Língua Portuguesa, o SAEB avalia habilidades de leitura dos alunos de quarta e oitava séries do Ensino Fundamental e do terceiro ano do Ensino Médio. A coleta das informações por meio de um teste aplicado aos alunos e de questionários respondidos por professores e diretores permite apontar o que os alunos são capazes de fazer em diversos momentos de seu percurso escolar. O teste aplicado pelo SAEB é amostral, nem todos os alunos o realizam. A cada nova aplicação é constituída uma amostra de alunos representativa do País e, por meio da aplicação de critérios estatísticos, os resultados de apenas um conjunto de alunos permitem inferir como está o desempenho escolar da população.

As sucessivas aplicações do SAEB vêm mostrando que o desempenho em leitura dos alunos brasileiros é bastante fraco. Na quarta série, por exemplo, houve queda na média geral dos alunos em 1997, 1999 e 2001. A partir de 2003, a média começou a subir, mas não atingiu, em 2005, o ponto em que estava em 1995. As médias da oitava série continuam caindo desde 1995, fato que se repete também com as médias do Ensino Médio. Em síntese, os resultados do SAEB estão dizendo que, em relação às habilidades de leitura, parte significativa dos alunos encontra-se em nível crítico ou muito crítico de desenvolvimento, enquanto somente uma pequena porcentagem encontra-se em nível adequado de desenvolvimento de habilidades.

A dimensão da gravidade da situação é percebida quando observamos que as capacidades reveladas por aqueles que, na quarta série, estão nos níveis crítico e muito crítico quase indicam analfabetismo. Segundo o relatório SAEB 2003, alunos do nível muito crítico

> Não desenvolveram habilidades de leitura mínimas condizentes com quatro anos de escolarização. Não foram alfabetizados adequadamente. Não conseguem responder os itens da prova; [os do nível crítico] não são leitores competentes, lêem de forma ainda pouco condizente com a série, construíram o entendimento de frases simples. São leitores no nível primário, decodificam apenas a superfície de narrativas simples e curtas, localizando informações explícitas, dentre outras habilidades. (p. 34)

A Prova Brasil, também chamada Avaliação Nacional do Rendimento Escolar, começou a ser aplicada no País a partir de 2005. A cada dois anos, os alunos são submetidos a testes de Língua Portuguesa e de Matemática. Os objetivos dessa avaliação são semelhantes aos do SAEB no que diz respeito à promoção de melhores padrões de qualidade e equidade da educação no País. Basicamente são duas as diferenças entre SAEB e Prova Brasil: a primeira é amostral, aplicada a apenas um conjunto de alunos, e a segunda é censitária, isto é, realizada por todos os alunos brasileiros; outra diferença é que na Prova Brasil somente alunos de 4ª e 8ª séries realizam a avaliação, pois o Ensino Médio já é avaliado pelo Exame Nacional do Ensino Médio (ENEM). Os dados da Prova Brasil não são muito diferentes dos do SAEB; a média nacional dos alunos de 4ª série, por exemplo, numa escala de 0 a 1.000, foi de 174,14. Em termos de desenvolvimento de habilidades, essa média significa que os alunos de 4ª série lêem mal, porque, basicamente, revelam habilidades de localização de informações em textos curtos. As habilidades de inferir, estabelecer relações complexas como as de causa e conseqüência ou a habilidade de perceber o que gera humor no texto são ainda bem restritas para esses alunos. A leitura, em geral, está limitada à simples decodificação, isto é, decifram as letras, as palavras, as frases, os textos curtos, mas não sabem dizer o que leram, não compreendem.

Em vista dos resultados do SAEB, que foram depois confirmados pela Prova Brasil, uma hipótese levantada é a de que haveria problemas na alfabetização, ou seja, o baixo desempenho dos alunos nas séries finais do Ensino Fundamental seria atribuído a uma alfabetização inadequadamente processada. Para verificar essa hipótese e para que se pudesse intervir no processo logo em seu início, seria necessário avaliar as crianças nos primeiros anos de escolaridade. Dessa forma, surgem as primeiras avaliações externas com foco na alfabetização.

Minas Gerais iniciou, em 2005, a avaliação de crianças no segundo ano de escolaridade. Aproveitando o contexto de mudança no tempo do Ensino Fundamental que passou, em 2004, de oito para nove anos, o Estado promoveu uma avaliação amostral para saber como se caracteriza o desempenho em alfabetização dos alunos que iniciaram o Ensino Fundamental aos seis anos. O propósito básico era o de diagnosticar mais cedo (antes da 4ª série, como até então era comum fazer), para que as intervenções pudessem acontecer também mais cedo. Diferentemente das avaliações do SAEB e da Prova Brasil, que verificavam apenas habilidades de leitura, a avaliação de Minas Gerais também verificou algumas habilidades de escrita. A partir dessa primeira experiência, Minas Gerais deu continuidade ao programa de Avaliação da Alfabetização regularmente, avaliando crianças no segundo ano de escolaridade e, nos anos subseqüentes, também as de terceiro e de quarto ano. A meta fixada era a de que toda criança estivesse alfabetizada aos oito anos de idade.

A avaliação de Minas Gerais em 2006 será apresentada na próxima seção de modo a exemplificar como é possível avaliar a alfabetização e como dados da avaliação externa podem ser úteis na sala de aula. A partir da análise do diagnóstico realizado com crianças de segundo ano, vamos discutir o que pode ser feito na sala de aula para melhorar os níveis de desempenho na alfabetização dos alunos.

Como avaliar habilidades de leitura e escrita nas séries iniciais do Ensino Fundamental

Uma primeira ação realizada no processo de avaliação é a de definir claramente o que se pretende avaliar. Isso acontece tanto nas avaliações de sala de aula quanto nas avaliações externas. Em qualquer tipo de avaliação, é necessário que estejam claros os objetivos e as concepções que a fundamentam.

A avaliação em Minas Gerais assenta suas bases em dois conceitos fundamentais de Soares (1999): alfabetização e letramento. A *alfabetização* é entendida como apropriação da dinâmica ou da "tecnologia" da leitura e da escrita. Essa apropriação envolve um conjunto de conhecimentos e procedimentos em relação ao sistema da língua. Por exemplo, é preciso saber, entre outras coisas, que desenhos são diferentes de letras e a escrita é um sistema de representação; que a língua é som; que a nossa escrita é alfabética e ortográfica, isto é, estabelece-se na relação fonema/grafema e há uma convenção sobre a forma de grafar as palavras. No processo de alfabetização, o alfabetizando descobre o segredo de que é preciso juntar letras para formar sílabas, juntar as sílabas em palavras, juntar palavras em frases e as frases em textos. *Letramento* relaciona-se às práticas sociais de leitura e de escrita. Esse conceito diz respeito "ao conjunto de conhecimentos, atitudes, capacidades envolvidos no uso da língua em práticas sociais e necessários para uma participação ativa e competente na cultura escrita" (SOARES; BATISTA, 2005, p. 50). Considera-se, então, *letrado* aquele que usa e vivencia práticas sociais de leitura e de escrita; *alfabetizado* é o indivíduo que adquiriu a "tecnologia" necessária para usar e vivenciar essas práticas. Alfabetização e letramento embora sendo conceitos distintos, cada um com suas especificidades, são processos complementares e inseparáveis (SOARES, 1999).

A avaliação toma como pressuposto que *leitura* e *escrita* são dois processos que se constroem nas práticas sociais. Entender a *leitura* como um processo significa compreender o papel ativo do leitor na construção de sentidos. Ler envolve habilidades que vão desde decodificação (isto é, relacionar os sons da língua às letras que os representam), passando pela capacidade de compreender (que exige estabelecer relações entre o que está escrito e o conhecimento de mundo do leitor) e chegam à capacidade de posicionamento crítico diante de textos escritos (à manifestação da opinião sobre o texto lido, o concordar e o discordar dos pontos apresentados). É possível dizer que o sujeito aprende a ler quando consegue realizar essas operações (decodificar, compreender, criticar) em textos de diferentes gêneros (notícias, reportagens, artigos de opinião, romances, crônicas, etc.), de diferentes tipos (narrativos, descritivos, expositivos, argumentativos), que têm finalidades diversas (como informar, emocionar, convencer, etc.), que são apresentados sob diferentes formas, em diversos tipos de portadores (no jornal, na revista, no livro, no folheto). A *escrita*, também, é um processo e envolve um conjunto de habilidades. Para escrever é necessário saber codificar (transformar sons em letras, sílabas, palavras) e saber planejar o texto: gerar idéias sobre o assunto, organizá-las no papel em função dos objetivos que se tem ao escrever, do público que se busca atingir, do portador (ou suporte), de onde o texto vai circular. Isso significa dizer que aprende a escrever quem vai muito mais além da capacidade de codificar.

Se leitura e escrita são vistas como processo, deve ser entendido que se aprende a ler e a escrever continuamente. Portanto, as ações de ensinar a ler e de ensinar a escrever não se esgotam nas séries iniciais. Essas ações não são tarefa exclusiva do alfabetizador ou alfabetizadora, mas trabalho conjunto de toda a escola, de todos os profissionais que atuam com os alunos ao longo de sua vida escolar. Os professores de Artes, de Geografia, de História, de Educação Física, de Matemática, todos, enfim, devem ter compromisso com o desenvolvimento das capacidades de leitura e escrita dos alunos. Outra conseqüência da leitura e da escrita entendidas como processo é compreender que alfabetização não é independente de letramento: é possível *alfabetizar letrando* (SOARES, 1999). Isso significa que não se alfabetiza primeiro para letrar depois. Quando a criança vai se apropriando do sistema lingüístico em situações contextualizadas, ela vai aprendendo que a língua escrita tem um funcionamento social, pois serve para agir no mundo.

Com base na definição dos conceitos de alfabetização, letramento, leitura e escrita, a avaliação da alfabetização, em Minas Gerais, delimita quais as habilidades das crianças em processo de alfabetização vão ser avaliadas. Considerando-se que as condições em que se dão as avaliações sistêmicas são sempre muito específicas, é estabelecido um conjunto limitado de habilidades, mas que permite construir um diagnóstico da alfabetização.

Esse conjunto compõe a Matriz de Avaliação, da qual fazem parte as habilidades de diferenciar letras de outros sinais gráficos, como números, sinais de pontuação ou de outros sistemas de representação; identificar letras do alfabeto; reconhecer que na Língua Portuguesa a escrita se realiza da esquerda para a direita e de cima para baixo; identificar o número de sílabas (consciência silábica); identificar sons, sílabas e outras unidades sonoras (consciência fonológica e consciência fonêmica); identificar o conceito de palavra (consciência de palavra); distinguir, como leitor, diferentes tipos de letras; ler palavras; ler frases/textos; escrever palavras; demonstrar conhecimentos sobre a escrita do nome; escrever frases/textos; identificar elementos que constroem a narrativa; localizar informação em uma frase/texto; inferir uma informação; identificar assunto; estabelecer relações lógico-discursivas; estabelecer relações de continuidade temática a partir da recuperação de elementos da cadeia referencial do texto; reconhecer os usos sociais da ordem alfabética; identificar gênero de textos, sua finalidade e suportes; antecipar informações do texto.

Na elaboração da avaliação da alfabetização, professores e especialistas em alfabetização, com base nas habilidades da Matriz, constroem itens ou questões que compõem um caderno de teste. Esse é apresentado às crianças com a mediação do professor, isto é, em alguns itens do teste o professor lê o enunciado para que o aluno possa fazer: outros, o aluno realiza sozinho. Os dados da avaliação são analisados segundo critérios estatísticos e pedagógicos e apresentados numa escala de proficiência. Isto é, apresentam-se num *continuum*, do menor para o maior, numa seqüência que pode ser estabelecida como de zero a mil, por exemplo. É possível posicionar os alunos num determinado ponto da escala pela observação de quais os itens eles são capazes de acertar (e não de quantos). Por exemplo, quem está situado no ponto 225 da escala domina habilidades menos complexas do que aqueles que se encontram no ponto 325. Dito de outra forma: quem está no ponto 225 tem menor desempenho do que quem está em 325. Esses pontos identificados são chamados de níveis de proficiência. Uma descrição pedagógica dos itens que os alunos de cada um dos níveis acertam indica as habilidades que eles possuem Esta é, então, uma grande vantagem de lidar com escalas dessa natureza: os níveis não são estabelecidos *a priori*, mas são indicados por aquilo que os alunos que realizaram a avaliação foram capazes de fazer.

Capacidades desenvolvidas pelos alunos no segundo ano de escolaridade

Do total de 27.066 crianças de Minas Gerais avaliadas na metade do segundo ano de escolaridade em 2006, apenas

0,16% não acertaram nada no teste ou nem mesmo revelaram habilidades básicas como conhecer a direção da escrita, distinguir letras de números e outros sinais gráficos. Não há indícios também de que, esse primeiro grupo[2] de alunos reconheça alguns usos sociais dos textos.

Um segundo grupo de crianças (7,53%) revelou ser capaz de realizar tarefas importantes em relação ao sistema da língua, mas as capacidades desse grupo podem ser consideradas ainda muito iniciais no processo de alfabetização. Em situações de leitura, foram capazes de:

- identificar algumas letras do alfabeto que lhes foram apresentadas, em pequenas seqüências de letras como (A, R, S, T, U);
- contar, ao ouvir uma palavra, quantas sílabas ela tem;
- fazer distinção entre o que é letra e o que é desenho;
- localizar uma mesma palavra que se repete num texto;
- escrever sem consulta o primeiro nome.

No terceiro grupo, as crianças (8,29 %) acertaram itens que indicaram que elas começavam a identificar o princípio alfabético do sistema da língua. Embora nem sempre tenham associado "letras" ou grafemas a seus "sons" ou fonemas correspondentes, deram indícios de que começavam a discriminar os sons que compõem a sílaba. Pelos itens que essas crianças acertaram, foi possível perceber que usavam algum critério para reconhecer palavras relacionando-as a seus desenhos. Realizaram, por exemplo, o item a seguir.

---

[2] A escala em Minas Gerais vai de 0 a 1.000.

Ligue cada palavra ao seu desenho.
Fique atento! Não vale ler em voz alta.

ABACAXI

ELEFANTE

ABELHA

EQUILIBRISTA

    Nesse caso, se o alfabetizando identificar apenas uma letra, ele pode reconhecer a palavra. Por exemplo, se souber que em ELEFANTE tem um F, ou que em ABELHA tem LH poderá realizar a correspondência solicitada no item.

    A consciência fonológica se revela, em alunos desse terceiro grupo, na identificação de palavras com a mesma sílaba inicial e no fato de conseguirem contar o número de sílabas de uma palavra. Por exemplo, ao ouvir um grupo de palavras como CAMISA, SAPO, VACA, CAVALO, os alunos conseguiram apontar quais as que começam com a mesma sílaba.

    Na escrita, as crianças desse grupo demonstraram ser capazes de escrever o próprio nome completo. Foram capazes também de escrever palavras usando uma letra para representar o som que perceberam como mais saliente na sílaba. Por exemplo: BL (BOLA), CVO (CAVALO), BRTA (BARATA). Em relação ao conhecimento sobre usos sociais dos textos, verificou-se que as crianças têm alguma familiaridade com o gênero receita, pois conseguiram indicar onde esse texto começa.

No quarto grupo, concentra-se a maior porcentagem de alunos (37,67%). Na escrita, os alunos revelaram domínio do princípio alfabético, compreenderam que cada letra ou grafema corresponde a valores sonoros menores que a sílaba, escreveram usando uma letra ou grafema para cada fonema. Há uma expressiva quantidade de alunos nesse grupo que já escrevem palavras ortograficamente. Os alunos conseguiram escrever palavras formadas por sílabas canônicas, isto é, padrão consoante-vogal (ou CV), como BOLA, BARATA, VACA. Uma porcentagem menor de alunos, mas ainda bastante significativa, escreveu também ortograficamente palavras formadas por sílabas CVC (**FOR**MIGA) e CCV (BI**CI**CLETA). As crianças conseguiram também copiar frase ou pequeno texto como o do item a seguir.

> Copie essas frases no espaço abaixo.
> TUDO QUANTO ME ANIMA É UMA RIMA.
> TUDO QUANTO ME ENROLA É UMA BOLA.

Nessa questão, verificou-se a habilidade de uso da página pelo aluno. Buscava-se saber se o aluno era capaz de usar a página respeitando o alinhamento e a direção da escrita. Isto é, se ele respeitava o espaçamento entre as palavras, e as direções na linha (da esquerda para a direita) e na página (de cima para baixo) e uso das margens. Os alunos poderiam copiar com qualquer tipo de letra cursiva ou caixa alta.

Na leitura, os alunos desse grupo revelaram ser capazes de ler palavras com diferentes padrões silábicos como, por exemplo: CV (**NO**VELA), CCV (**BRI**GA), CVC (**MAR**TELO) sem escandir sílabas ou sem hesitações na identificação de letras. Há indicações de que as crianças desse grupo desenvolveram capacidade de identificar palavras que terminam com a mesma sílaba.

QUESTÃO 4
Veja os desenhos: DADO E CAMA; DADO E CHAVE; TELHADO E DADO; TELHADO E MARTELO.
Risque o quadrinho com o nome de coisas que terminam com a mesma sílaba.

(a)
(b)
(c)
(d)

Para responder essa questão, o aluno teria de ouvir a pronúncia da professora e perceber que o final da palavra DADO é igual ao da palavra TELHADO. Nesse caso além de ouvir, o aluno teve o apoio do desenho, mas não teve o recurso de visualizar as palavras, pois estas não apareciam escritas no caderno de teste, já que o enunciado somente aparecia no caderno do aplicador. Os alunos foram capazes também de localizar informações por meio da leitura silenciosa de pequenas frases ou expressões (placas, cartazes, por exemplo). Como na questão a seguir.

Risque a placa que vende duas coisas.

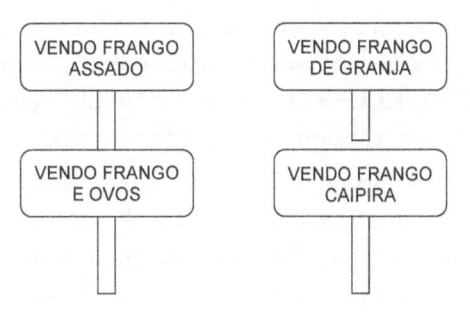

```
┌─────────────────┐      ┌─────────────────┐
│  VENDO FRANGO   │      │  VENDO FRANGO   │
│     ASSADO      │      │    DE GRANJA    │
└────────┬────────┘      └────────┬────────┘
         │                        │
┌────────┴────────┐      ┌────────┴────────┐
│  VENDO FRANGO   │      │  VENDO FRANGO   │
│      E OVOS     │      │     CAIPIRA     │
└────────┬────────┘      └────────┬────────┘
         │                        │
```

A partir da observação de quatro placas, o aluno deveria identificar aquela que anuncia dois produtos. Como as frases são do mesmo tamanho e começam exatamente com a mesma palavra VENDO, o aluno deveria, necessariamente, decodificar as palavras que estão após o verbo e que identificam o que está sendo vendido. Quanto aos usos sociais dos textos, os alunos do quarto grupo demonstraram saber identificar, em um conjunto em que aparecia uma fábula, uma notícia, um poema e uma receita, qual deles é um poema. Também souberam reconhecer um dicionário a partir da indicação de sua finalidade e, ainda, de formular hipóteses sobre o assunto de um texto de instruções de *como fazer* a partir do título e do subtítulo.

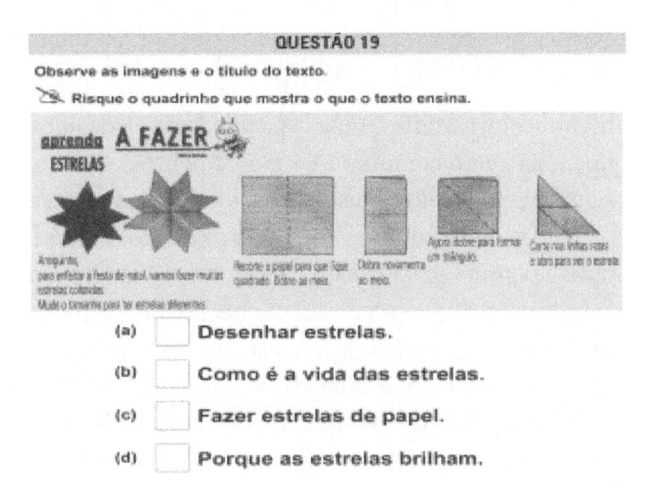

QUESTÃO 19

Observe as imagens e o título do texto.
✎ Risque o quadrinho que mostra o que o texto ensina.

aprenda A FAZER
ESTRELAS

(a) ☐ Desenhar estrelas.
(b) ☐ Como é a vida das estrelas.
(c) ☐ Fazer estrelas de papel.
(d) ☐ Porque as estrelas brilham.

Nessa questão, o alfabetizando não precisaria ler o texto todo, mas deveria usar estratégias de leitura como, por exemplo, a observação da seqüência de desenhos, o título "aprenda A FAZER ESTRELAS", e outras marcas que lhe permitissem formular hipóteses sobre o conteúdo do texto.

Um quinto grupo de crianças (18,42) revelou ser capaz de ler e compreender frases curtas de até cinco palavras, com padrão sintático sujeito-verbo-complemento e/ou frases longas com estrutura sintática simples. Além de ler frases dessa natureza, os alfabetizandos também foram capazes de mostrar que compreenderam o que as frases diziam, como no item a seguir.

Risque o quadrinho que mostra sobre o que o texto fala.
Fique atento! Não vale ler em voz alta.

Girafa
A girafa é o único animal que consegue alcançar a própria orelha com a língua.

☐ Tamanho da língua da girafa.
☐ Tamanho das orelhas da girafa.
☐ Tamanho das pernas da girafa.
☐ Tamanho do pescoço da girafa.

Identificar o assunto é uma capacidade revelada por aqueles que conseguem compreender globalmente o que foi lido. Isso significa que a leitura não se deu apenas no nível da decodificação, mas que foi atribuído sentido ao que foi lido. A tarefa é complexa porque, ao ler o texto com o título "A girafa", o aluno poderia se ancorar apenas em seu conhecimento de mundo de que girafa tem pescoço grande, por exemplo, ou que tem longas pernas, e com isso marcar uma opção errada. Em todas as opções aparece a palavra "tamanho", o que obriga o alfabetizando a realmente buscar as relações que o texto estabelece.

É curioso observar que somente quando já são capazes de ler palavras e frases os alunos dão conta de identificar uma mesma sílaba no meio de duas palavras diferentes como, por exemplo, perceber que CANECA e PANELA possuem a mesma sílaba NE no meio. Além disso, somente nesse grupo os alunos foram capazes de dizer quantas sílabas tem a palavra CHÃO. É importante refletir sobre pelo menos duas interpretações que esses dados suscitam: uma possibilidade seria a de entender que há necessidade de se trabalhar mais intensamente com as crianças as atividades de consciência fonológica na sala de aula, isto é, atividades de percepção de que a fala é composta de sons; outra possibilidade seria a de aceitar que a consciência fonológica não é um pré-requisito para alfabetização, mas que se desenvolve ao longo do processo com a reflexão e a aprendizagem da escrita.

Esse quinto grupo de alunos foi capaz de realizar algumas operações complexas de leitura, como formular hipótese sobre assunto de um livro a partir de observação de informações presentes em sua capa, como o título e a imagem.

```
                    QUESTÃO 18
Observe a capa.
  ⌦ Risque o quadrinho que mostra para que o livro foi escrito.

                    Ruth Rocha
                    Marcelo,
                 marmelo, martelo
                    e outras histórias

        (a) ☐  Apresentar regras.
        (b) ☐  Contar histórias.
        (c) ☐  Dar informações.
        (d) ☐  Ensinar receitas.
```

Nessa questão o aluno teria de observar as informações presentes na capa, principalmente a expressão "e outras histórias" e, de posse dessas informações, formular a hipótese de que o livro foi escrito para contar histórias. Também pode contribuir na solução da questão a observação das imagens presentes na capa do livro.

O sexto e último grupo de crianças (27,93) revelou capacidades bem avançadas. Os alunos desse grupo evidenciaram saber decodificar e compreender textos curtos. Eles foram capazes de ler em voz alta um pequeno texto, formular hipótese sobre como um texto continua a partir de seu início, o que revela compreensão global; identificar assunto; inferir o sentido de uma palavra ou expressão. Além disso, revelaram também ser capazes de identificar tempo e espaço em narrativa curta.

> Risque o quadrinho que mostra sobre o que o texto fala.
> Fique atento! Não vale ler em voz alta.
>
> O bicho-pau é um inseto bem curioso. Ele se parece com um graveto voador, o que permite que fique "escondido" entre os galhos das árvores, enganando, por exemplo, um passarinho que está à procura de alimento. Como passarinhos não comem gravetos, o bicho-pau não é incomodado.
> Quando finge que é um graveto, ele pode passar quase o dia inteiro imóvel, movimentando-se se apenas para se alimentar.
>
> Ciência hoje na escola 2: bichos, Sociedade Brasileira para o Progresso da Ciência, Rio de Janeiro, 1996. (Fragmento).
>
> ☐ Como o bicho-pau se disfarça.
>
> ☐ Como o bicho-pau se movimenta.
>
> ☐ O que o bicho-pau come.
>
> ☐ Os tipos de bicho-pau.

Para resolver a questão, o aluno tem de compreender esse texto expositivo globalmente. Para isso, tem de realizar várias inferências e relacionar informações que vão sendo dadas ao longo do texto. Por exemplo, são importantes, para a construção de sentido, informações como "fique 'escondido' entre os galhos das árvores", "Quando finge que é um graveto", "pode passar quase o dia inteiro imóvel, movimentando-se apenas para se alimentar". Mas é importante que essas informações não sejam tomadas isoladamente, pois senão o aluno pode marcar a opção errada como resposta. Se, por exemplo, prestar atenção apenas na última frase do texto, será levado a marcar a opção "b" ou "c".

Uma outra tarefa realizada por esses alunos revela que foram capazes de estabelecer relações de continuidade temática a partir da recuperação de elementos da cadeia referencial do texto, isto é, capazes de perceber que os textos introduzem seus referentes (sobre o que o texto trata) e depois os retoma por meio de pronomes ou de outras palavras ou expressões.

Risque o quadrinho que mostra QUEM É QUE SE ENCOLHE no texto.
Fique atento! Não vale ler em voz alta.

Tamanduá-bandeira

A pelagem do tamanduá-bandeira é bastante espessa e sua cauda é longa. Ao dormir, este animal deita-se de lado, encolhe-se e coloca sua cauda sobre o corpo, como se fosse um cobertor. Entretanto, em dias mais frios, o tamanduá-bandeira prefere deitar em área aberta, sob o sol, mantendo a cauda estirada no chão para aumentar sua superfície de exposição ao calor e aquecer-se.

Ciência Hoje das Crianças, Rio de Janeiro, Sociedade Brasileira para o progresso da ciência, n.160, ago. 2005. (Fragmento)

☐ A cauda do tamanduá.

☐ A pelagem do tamanduá.

☐ O focinho do tamanduá.

☐ O tamanduá-bandeira.

Na questão os alunos foram capazes de perceber que *quem se encolhe*, no texto, é O TAMANDUÁ-BANDEIRA, para isso, tiveram de compreender o uso da palavra SE como elemento de retomada. Como em todas as opções aparece a palavra TAMANDUÁ, o aluno tem de usar critérios elaborados para identificar a resposta correta, e isso só será possível se compreender para que o pronome foi usado.

Uma última questão que evidencia a leitura dos alunos desse grupo relaciona-se à capacidade de identificar gêneros de diversos suportes. Foram apresentados quatro textos diferentes: uma tirinha, uma notícia, uma propaganda de chicletes e um bilhete, e os alunos deveriam identificar qual desses é uma notícia. O que se esperava é que eles fossem capazes de perceber elementos da configuração do gênero para responder. O formato em colunas da notícia é especial, bastante diferente do de um bilhete, por exemplo. Como notícia é um gênero de ampla circulação social, esperava-se que os alunos o conhecessem. Isso seria um indício de grau de letramento dos alunos. No entanto, o fato de somente alunos que já estão lendo conseguirem resolver essa questão dá indicações de que notícia não é um gênero trabalhado na sala de aula ou que, pelo menos, é pouco trabalhado.

Em síntese, é possível observar que os alunos com dois anos e meio de escolaridade têm diferentes níveis de proficiência: no primeiro grupo, os alunos quase não desenvolveram habilidades de leitura e escrita; no segundo grupo, embora tenham desenvolvido algumas habilidades, essas são ainda muito iniciais para o tempo que as crianças já estavam na escola; no terceiro grupo, as crianças evidenciaram capacidades já um pouco mais elaboradas no trato da leitura e da escrita por já serem capazes de começar a reconhecer o princípio alfabético; no quarto grupo, onde se concentra a maior porcentagem, há indicação de que os alunos lêem e escrevem palavras embora nem sempre a escrita seja ortográfica; no quinto grupo, os alunos revelaram ter avançado para além da leitura de palavras, mas não são capazes ainda de compreender[3] pequenos textos; no sexto grupo os alunos demonstraram estar aptos a participar do mundo letrado por conseguirem ler e compreender globalmente textos curtos, com temas de interesse do universo das crianças. O nível de proficiência atingido pelos alunos do grupo seis deveria ser o esperado para a maioria dos alunos com dois anos e meio de escolaridade, pois esse é um nível que revela compreensão dos textos lidos.

A observação desses resultados leva a constatar que grande parte dos alunos já estava lendo e escrevendo palavras na metade do segundo ano de escolaridade, mas somente 27,93% eram capazes de compreender textos. Uma informação que tem ficado clara é que grande parte das crianças domina segredos básicos da alfabetização logo no início do processo. Isto é, a avaliação mostrou que grande parte das crianças descobriu cedo que cada letra ou grafema corresponde a valores sonoros menores que a sílaba e por isso consegue, também cedo, decodificar e codificar palavras. Mas isso não foi suficiente para que elas desenvolvessem outras capacidades do processo de leitura e escrita. Habilidades de inferir, compreender globalmente, formular hipóteses, identificar para que servem os textos somente começam a se consolidar para um pequeno número de alunos, os que estão no quinto e sexto grupos. Mas se esses alunos conseguiram avançar no processo, porque tantas crianças ficaram para trás? O que as impediu de ir além?

Certamente, no universo das salas de aula, há muitos fatores que dificultam o acesso das crianças à leitura e à escrita, mas os dados da avaliação indicam que é necessário dar mais atenção a atividades de letramento, isto é, trabalhar desde muito cedo com os diversos textos (e suas funções) que circulam socialmente, mesmo antes de o aluno saber

---

[3] A avaliação não permitiu avaliar a escrita de textos.

codificar e decodificar. As crianças precisam aprender a lidar com diversos portadores de texto como livros, jornais, revistas, catálogos, dicionários, folhetos, cartazes e com diferentes gêneros textuais como poemas, listas, receitas, entrevistas, cartas, bilhetes, anúncios, lendas, parlendas e fábulas. É em textos concretos como esses que elas vão descobrir as regras do sistema da escrita. Paralelamente à descoberta dessas regras, a criança vai se apropriando também do funcionamento desses textos, de sua utilidade, de seus usos nas diversas situações de comunicação. Isso é importante frisar: trabalhar com os diferentes gêneros na sala de aula não significa saber apenas nomeá-los, significa saber usá-los em situações de comunicação no dia-a-dia. As características dos textos, sua forma e como eles são escritos serão apreendidos pelos alfabetizandos a partir do uso sistemático e da reflexão sobre as situações em que os textos foram usados.

Outra indicação importante é que, mesmo depois que o aluno compreende as regras básicas do sistema da língua, é preciso continuar ensinando a ler e a escrever. O que parece estar acontecendo é que depois que as crianças aprendem a decodificar e a codificar elas passam apenas a ser avaliadas em sua leitura e escrita. Cessam as atividades de ensino propriamente dito. Pressupõe-se que os alunos já estejam alfabetizados e as atividades passam a ser de avaliação da leitura. É comum ouvir professores reclamando: "Esses alunos não sabem ler", mesmo quando eles já decodificam. Se ninguém ensina como ler textos longos, como ler textos de temas complexos, ou como levantar hipóteses do texto antes de começar a leitura, como observar as imagens do texto para inferir relações, como ligar elementos da cadeia referencial ou como estabelecer relações de causa, de conseqüência, entre outras, os alunos terão dificuldade em conseguir, sozinhos, avançar na leitura.

Talvez por isso os resultados do SAEB indiquem que nossos alunos não sabem ler. É preciso ensinar estratégias de leitura e de escrita para que as crianças possam ler com compreensão e para que possam escrever em função de objetivos, dos leitores pretendidos e das condições em que o texto vai funcionar.

O que fazer com os resultados da avaliação externa no dia-a-dia da sala de aula

Resultados de avaliação externa não podem ser ignorados pela escola. É preciso fazer com que eles gerem respostas, que tenham influência direta nas ações que se realizam na sala de aula todos os dias. Depois de identificar as habilidades que seus alfabetizandos dominam e as que ainda não dominam, o professor, ao usar os dados da avaliação externa, pode propor atividades diferenciadas para cada grupo de alunos. Essas atividades têm de estar articuladas em torno de capacidades de apropriação do sistema de escrita, mas também em torno da oralidade e do letramento.

Assim, o primeiro, o segundo e o terceiro grupos vão melhorar seu desempenho se realizarem muitas atividades que lhes permitam reconhecer que a língua é som e que o fonema é a menor unidade da língua. Isso pode se dar por meio de atividades como separar palavras em sílabas oralmente, separar palavras escritas em sílaba; contar quantas sílabas uma palavra tem, comparar tamanho de palavras dizer qual é a maior, qual é a menor; identificar, ao ouvir, palavras que terminam com a mesma sílaba (BOLA termina igual a COLA); identificar, ao ouvir, palavras que começam com a mesma sílaba (GATO começa igual a GALINHA); reconhecer que uma mesma sílaba pode aparecer em diferentes palavras em qualquer posição (no início, no fim e no meio da palavra); contar quantas palavras um texto tem; identificar uma mesma palavra repetida num texto que apresenta palavras de grafias semelhantes. Além disso, em atividades lúdicas variadas, os alunos vão sistematizar o conhecimento de letras do alfabeto, de diferentes tipos de letras, das diferenças entre letras e outros sinais gráficos. É importante que esses conhecimentos se processem a partir de textos variados que circulam socialmente. Por isso, são fundamentais atividades que estimulem os alunos a ouvir com atenção histórias, recados, notícias, cartas e outros textos. Como a leitura e a escrita acontecem em situações contextualizadas no uso social, é importante estimular as crianças desde cedo a ler, entre outros, títulos de livros, títulos de notícias e reportagens, placas de propaganda, legendas de fotos, e a escrever também em situações concretas de comunicação, listas, histórias, bilhetes, convites, recados, entre outros.

Os alunos do quarto e do quinto grupo podem ampliar suas habilidades se fizerem um intenso trabalho com diferentes gêneros de textos. Nesse trabalho, vão aprender a lidar com diferentes estruturas, não só as narrativas, mas também as expositivas, argumentativas e dialogais; vão também desenvolver estratégias para lidar com os textos, com temas que vão se complexificando à medida que as capacidades de leitura e escrita se desenvolvem. A leitura com fluência, entonação e expressividade será estimulada para que esse grupo possa conseguir ler diferentes textos. Quando a leitura é lenta, quando o aluno lê sílaba por sílaba ou palavra por palavra, sobrecarrega a memória e não processa o significado.

Mesmo considerando-se que os alunos do sexto grupo tiveram um desempenho muito bom na avaliação, eles ainda têm muito que aprender na leitura e na escrita. Eles apenas acabaram de entrar no mundo fascinante dos textos, o que vai permitir que possam alçar outros vôos. É preciso trabalhar com eles com textos mais longos, pois o tamanho dos textos impõe dificuldade, e se o aluno não continuar desenvolvendo estratégias para lidar com eles, acabam por se transformar em leitores de textos menores. Ampliar o universo de gêneros de textos de leitura e de escrita também é uma tarefa para esse grupo. Essas crianças precisam descobrir que os textos têm públicos e têm objetivos, são escritos para atingir efeitos de sentidos variados no outro, e, por isso, os recursos da língua precisam ser conhecidos. Por último, esse grupo tem como desafio desvendar outros mistérios do sistema lingüístico: a ortografia, a concordância, a regência, os registros lingüísticos, entre outros, a fim de que possam atuar com competência por meio dos textos em situações sociais de comunicação.

Considerações finais

Não se pode atribuir à avaliação externa o poder de identificar todas as habilidades que os alunos já possuem. Essa é uma avaliação limitada, que apenas ajuda a escola e o professor a fazer um diagnóstico das turmas de alfabetização a fim de que intervenções no processo do aluno possam ser realizadas. Isso significa que as observações de sala de aula e a avaliação contínua e diária do professor atento são insubstituíveis. O professor é muito importante na alfabetização, sua atuação faz a diferença.

Outro ponto importante é que avaliação externa não pode ser utilizada como ponto de partida para instituir medidas punitivas que acabam atribuindo, ao professor, a responsabilidade pelo fracasso escolar. Isso ocorre porque as avaliações externas têm tradicionalmente sido usadas, em muitas situações, para classificar e/ou certificar escolas. A partir da hierarquização de níveis de desempenho, têm sido criadas hierarquias de excelência sem se levar em conta outros fatores como condições socioeconômicas dos alunos, condições materiais e tipo de gestão da escola entre outros.

É necessário considerar ainda que, mesmo que os alunos já consigam ler sozinhos, por estarem alfabetizados, o professor não pode se eximir da tarefa de ler para eles e, principalmente, de ler com eles. Criança gosta de ouvir histórias contadas ou lidas pelo professor, criança gosta de discutir sobre a história que leu e de dramatizar histórias. Atividades como essas ajudam a criança a se apropriar da estrutura da narrativa, a perceber o valor estético dos textos, a se deleitar com o mundo ficcional. Os alunos aprendem que uma história tem um problema, uma complicação, um desfecho ou solução (um princípio, um meio e um fim) porque estão lendo juntos, discutindo, participando. Se a linguagem é uma forma de ação, de interação, não há sentido em tarefas que imobilizem os alunos, cassando seu direito à palavra. Obrigar os alunos a copiar o texto do livro didático, ou a preencher extensas fichas de leitura ou questionários que só perguntam o óbvio, ou tornar a leitura/escrita apenas objeto de avaliação é matar no aluno o desejo de ser leitor ou escritor.

Como último ponto de reflexão, é necessário considerar que, para desenvolver habilidades de leitura e escrita, não basta apenas ficar falando sobre leitura/escrita ou apenas mandando o aluno ler e escrever sozinho, sem qualquer estratégia que o auxilie a melhorar seu desempenho.

Ensinar a ler não é mandar ler, nem propor perguntas sobre o texto, a serem respondidas por escrito em exercício de interpretação no "para casa" e, depois, corrigir apenas as respostas. Ensinar a ler é, entre outras ações, levar o aluno a relacionar o assunto do texto a conhecimentos prévios enciclopédicos e de suas experiências de vida, inclusive experiências de outras leituras. Ensinar a ler é mostrar as estratégias usadas pelo autor para distribuir as informações ao longo do texto, dando prioridade a algumas e colocando outras como *pano de fundo*. É discutir diferentes formas de estruturação dependendo do gênero que se lê, levantando as informações, mostrando as relações entre uma e outra, perguntando sobre as partes principais e as secundárias, sobre a tese e os argumentos, sobre a estruturação de cada gênero. Ensinar a ler é levar o aluno a perceber os implícitos e a linha de raciocínio que sustenta cada texto e a descobrir a ação do texto e sua finalidade. Ensinar a ler é comparar formas lingüísticas, identificando as marcas que indicam a intencionalidade e os efeitos de sentido pretendidos, bem como o locutor e a variação lingüística. Ensinar a ler é, antes de tudo, formar sujeitos leitores ativos, críticos que descubram a *importância do ato de ler*.

Ensinar a escrever não é fazer ditado de palavras para saber se a escrita do aluno é ortográfica, ou mandar fazer um texto a partir de um tema isolado, sobre o qual a criança não tem ou não sabe o que dizer ou o como dizer. A ortografia é importante e o aluno tem mesmo que aprender as regras ortográficas que são convenções de escrita adotadas pela sociedade, mas é importante que os alunos aprendam a escrever textos com substância, com conteúdo. Textos que efetivamente sejam escritos para atender às necessidades de comunicação em sociedade. Por isso, ensinar a escrever passa por duas grandes ações essenciais:

1. A orientação de condições explícitas de produção: definição de objetivos: para que escrever; definição de leitores: para quem escrever; pela indicação de que gênero escrever: um bilhete, uma carta, um conto, uma notícia.

2. A orientação do processo de construção do texto: planejamento do texto: geração, seleção e organização das idéias; organização do texto no papel: estrutura do texto, recursos lingüísticos adequados, pontuação, paragrafação; revisão do texto em função de suas condições de produção.

Uma avaliação diagnóstica da alfabetização apenas delineia o quadro da alfabetização/letramento. Enfrentar as fragilidades mostradas continua sendo um desafio de todos aqueles que buscam uma educação de qualidade.

Referências

BRASIL. Ministério da Educação. Instituto Nacional de Estudos e Pesquisas Educacionais Anísio Teixeira. *Resultados SAEB 2003*. Versão preliminar, 2004. Disponível em <http://www.inep.gov.br/basica/saeb/publicacoes.htm>.

BRASIL. Ministério da Educação. Instituto Nacional de Estudos e Pesquisas Educacionais Anísio Teixeira. *SAEB 2005. Primeiros Resultados. Médias de desempenho SAEB/2005 em perspectiva comparada*. fev. 2007. Disponível em <http://www.inep.gov.br/basica/saeb/publicacoes.htm>.

PROVA BRASIL NA ESCOLA. São Paulo: CENPEC; Fundação Tide Setúbal, 2007. Disponível em <http://educarede.org.br/educa/index.cfm?pg=revista_educarede.especiais&id_especial=282>.

SOARES, M. B. *Letramento: um tema em três gêneros*. Belo Horizonte: Autêntica, 1999.

SOARES, M. B.; BATISTA, A. A. *Alfabetização e letramento: caderno do formador*. Belo Horizonte: Ceale/FaE/UFMG, 2005.

Letramento literário na sala de aula: desafios e possibilidades

Aparecida Paiva
Paula Cristina de Almeida Rodrigues

Este texto tem por objetivo discutir aspectos ligados à leitura literária no contexto escolar. O avanço das pesquisas no campo da leitura e da escrita nos leva a incorporar a essa discussão o conceito de letramento, que vem sendo também aplicado à literatura, na convicção de que existe uma especificidade na leitura literária – a realizada ou a pretendida. Assim, a proposta deste texto é discutir os desafios lançados pela literatura, bem como as possibilidades de trabalho que ela pode propiciar em sala de aula, no processo de escolarização de crianças.

Inicialmente concentraremos nossas reflexões nos desafios enfrentados por quem atua nas séries iniciais do ensino fundamental. Aspectos relacionados ao papel dos professores, aos tempos escolares destinados ao trabalho com a leitura literária e às condições de acesso à produção literária na escola são importantes indicadores das práticas de letramento literário focalizadas neste texto.

Se muitas questões ainda se colocam como desafios no trabalho com a literatura na escola, há que se considerar que as possibilidades de propostas adequadas de leitura literária na sala de aula hoje se ampliam, apoiadas por políticas de aquisição de livros, sem as quais dificilmente poderiam se efetivar. Embora o acesso ao livro corresponda a um avanço, as propostas muitas vezes ainda carecem de mediação mais adequada no ambiente da sala de aula. Para abarcar essa complexidade, este texto se divide em três partes: na primeira, a reflexão gira em torno do texto literário, bem como das formas e suportes em que a literatura infantil circula na sala de aula; na segunda, discute-se a importância do papel do professor nesse processo de mediação cultural; na terceira, focaliza-se a constituição de acervos das bibliotecas escolares pela via de recente política pública de distribuição de livros, fechando o trabalho com uma proposta de síntese entre desafios e possibilidades tratados nas partes anteriores.

Em resumo, podemos afirmar que este texto se orienta para três eixos que se encontram inter-relacionados ao letramento literário na sala de aula: o enfrentamento do desafio, a sistematização de possibilidades concretas de trabalho e a discussão do acesso à literatura no contexto escolar.

A literatura infantil na sala de aula: um desafio que se renova

A história da literatura infantil mostra que ela nasceu comprometida com a educação. Tal comprometimento, localizado na sua origem, ainda hoje repercute em parte da produção e no campo de estudos da literatura infanto-juvenil (doravante LIJ). Um dos efeitos da permanência da vinculação literatura/escola pode ser percebido em muitos trabalhos sobre o tema, nos quais há uma freqüente preocupação em reafirmar a condição artística da obra literária destinada a crianças. Conhecer a história da LIJ nos faz compreender não só as formas de circulação do livro de literatura e sua dependência com o universo escolar, como também o conjunto da produção e suas variadas tendências na atualidade.

A expansão da literatura infantil deve-se a sua associação ao novo modelo de escola que surgiu com a burguesia ascendente dos séculos XVIII e XIX. Naquele momento, a literatura era tida como um instrumento da pedagogia, por se vincular a ela e ajudá-la a atingir seus objetivos. Zilberman (2003), ao analisar a produção literária dessa época, constata que os primeiros livros para a infância foram escritos por educadores e pedagogos e possuíam um forte objetivo educativo. Portanto, ainda hoje, quando pensamos em literatura infantil, é importante refletirmos sobre o seu processo de produção e o seu estatuto de arte literária, mas não podemos deixar de discutir, também, a apropriação que a escola faz desse gênero literário, ou seja, o processo de didatização e escolarização pelo qual passam as obras quando chegam à escola.

No longo caminho percorrido pelas edições de livros para crianças até os dias atuais, o conjunto da produção literária apresenta uma forte tendência em desatar os laços pedagogizantes, embora ainda se preservem propostas que optam por aquele caminho. O ponto de chegada para as diferentes propostas é o mesmo: a escola, o lugar onde se formam os leitores. Nesse contexto, em que se estabelece uma nova concepção de literatura infantil, o caráter limitador do adjetivo "infantil" que acompanha o substantivo "literatura" na expressão que nomeia a modalidade, tem sido contestado, sobretudo por aqueles que querem incluí-la, sem restrições quanto ao público-alvo, no estatuto estético e artístico das obras literárias em geral. Mas mesmo que a vinculação estreita com o ensinamento tenha sido superada no processo de constituição da literatura para crianças no Brasil, essa produção ainda é colocada sob suspeita quando os crivos estéticos são acionados, pelo fato de, como procuramos mostrar, caber sob a mesma rubrica tendências muito diferenciadas.

Mesmo concordando com algumas das críticas endereçadas a essa literatura, cabe a nós – comprometidos com o campo educacional – o desafio de analisar essa produção e sua destinação educativa, tentando superar os obstáculos teóricos advindos de posturas reducionistas e promovendo, na medida do possível, o desaparecimento dos preconceitos que cercam a produção para crianças, o que torna possível, em nosso ponto de vista, o progressivo acesso ao seu estatuto literário. Isso porque a nossa convicção é a de que o texto literário para crianças possui especificidades e uma lógica que escapa à elaboração do que classicamente convencionamos denominar literatura.

São múltiplos os fatores que contribuem para que a literatura infantil se faça cada vez mais presente em nossas escolas: o crescente desenvolvimento editorial da produção voltada para esse segmento; a qualidade das obras produzidas por escritores e escritoras brasileiros (reconhecida mundialmente); as políticas públicas preocupadas com a formação do leitor; a divulgação de títulos e autores brasileiros por organismos públicos e privados; as recomendações explícitas dos PNCs – Parâmetros Curriculares Nacionais – para o desenvolvimento de práticas de leitura em todos os níveis de ensino; o empenho de inúmeros educadores em levar a leitura literária para as suas práticas docentes e principalmente o fato de a instituição escolar cumprir a função de democratizar o livro, num país de poucas bibliotecas e de praticamente inexistente compra de livros em livrarias por esse segmento da população que freqüenta a escola pública.

Verifica-se, no entanto, que, apesar de muitos professores buscarem formas significativas de dialogar com a literatura, a maior parte das leituras indicadas em sala de aula acaba reduzindo-a à função de coadjuvante pedagógico (isso quando não passa de oferta de diversão ao leitor) ao simplificar conflitos e ao reforçar expectativas e códigos de valores prévios.

A própria qualificação dessa produção por parte das editoras, quando indistintamente mistura obras paradidáticas com as literárias, contribui para a condução a um trabalho em sala de aula que não favorece a exploração das potencialidades artísticas que textos e imagens oferecem ao leitor no processo de produção de sentidos.

Por outro lado, a escola, muitas vezes, deixa de aproveitar a experiência ficcional iniciada em casa, no contato com adultos e outras crianças, em que se contam histórias, recitam-se parlendas, brinca-se de trava-línguas. Experiência que, se bem aproveitada, deveria ser intensificada com a entrada na escola. No diálogo professor-mediador/aluno-leitor é preciso ainda superar a assimetria existente na relação criança/adulto, buscando instaurar uma outra relação que considere as características cognitivas, sociais e afetivas das crianças. Dessa forma, a literatura infantil, com seu potencial renovador característico da criação artística, pode proporcionar a ampliação da visão de mundo e um refinamento na compreensão de vivências por parte das crianças.

Atualmente, nas escolas, existe uma discussão sobre o lugar que a literatura deve ocupar, já que vivemos em uma sociedade onde existe uma multiplicidade de textos, uma presença marcante de imagens e uma variedade de produtos culturais. Há ainda a tendência ao trabalho com os gêneros textuais, distribuídos equilibradamente nos tempos escolares, tendência hoje muito presente nos materiais didáticos em geral. Como conseguir esse equilíbrio de modo a garantir espaço necessário para a formação literária do leitor é um dos pontos importantes das recentes discussões sobre o ensino da literatura na escola. Nesse contexto, atrelada à questão da variada produção, emerge a necessidade de se operarem escolhas significativas e representativas do amplo universo de gêneros e temas da literatura.

Imaginemos uma professora das séries/anos iniciais do Ensino Fundamental selecionando "os melhores" livros de literatura que serão oferecidos aos seus alunos. Há uma grande probabilidade de essa professora escolher contos de fadas, fábulas ou livros sobre animais diversos, temas tradicionais e consagrados como os que mais agradam às crianças.

Todos nós sabemos que os contos e as fábulas são historicamente gêneros da literatura que se escrevem para a criança e, por essa razão, podemos justificar o seu predomínio, ainda hoje, como temática preferencial, em narrativas que procuram assegurar a vitória do bem sobre o mal, do pequeno sobre grande, do pobre sobre o rico, etc. Por meio dessas narrativas, anuncia-se um mundo justo onde bem e mal se separam para provocar situações imaginárias de superação de limites. Nas apropriações pedagógicas dos contos e fábulas, muitas vezes se isolam esses pólos, criando-se a falsa idéia de ser a natureza humana dividida, fragmentada, como se esses "lados" fossem excludentes. Daí as leituras moralizantes e exemplares dessa produção. O que nos parece fundamental, portanto, é que os professores enfrentem o desafio de abordar essa produção a partir de questionamentos e reflexões do cotidiano das crianças, promovendo uma relativização de valores e crenças.

Imaginemos, por outro lado, a escolha de uma narrativa em prosa, com enredo, personagens, enfim, todos os elementos que compõem uma história, utilizada como pretexto para a apresentação de uma questão contemporânea como a poluição, por exemplo. Ora, se essa produção é denominada pelos editores como literatura infantil, por utilizar recursos narrativos próprios do texto literário, isso não garante que seja um texto que tenha um tratamento literário propriamente dito. Mas na escola, cada vez mais, esse tipo de texto, que poderíamos chamar de paradidático e que veio principalmente atender às exigências curriculares promovidas pelos conteúdos curriculares e temas transversais, é lida como tal. Nesse caso, a sua função consiste na apropriação desse gênero textual como mais um dos recursos de aprendizagem de conteúdos e valores.

Em outra direção, é possível imaginar escolhas por textos com proposta lúdica e envolvente, que tratem de temas – que talvez sejam pouco familiares ao ambiente escolar – e que sejam tratados formalmente de modo a favorecer o trabalho com os recursos expressivos da linguagem.

Dentro dessa variedade, a atenção às escolhas por parte do professor torna-se fundamental para que ele possa trabalhar, adequadamente, o texto literário na sala de aula, ou seja, a seleção dos livros de literatura a serem lidos deve corresponder a objetivos de leitura que levem ao desenvolvimento do letramento literário, favorecendo a ampliação de gêneros e a diversidade temática na interação ficcional e poética.

A literatura infantil na sala de aula: possibilidades de leitura literária

Nas salas de aula das séries iniciais do Ensino Fundamental, a literatura infantil circula por meio de vários suportes, como o livro didático de Língua Portuguesa, as folhas mimeografadas ou xerocadas, o quadro de giz quando ela é transcrita pela professora para os alunos copiarem e, por fim, o livro de literatura infantil. Consideramos importante uma breve reflexão sobre a presença da literatura nesses suportes, pois percebemos que eles determinam diferentes práticas de leitura literária e podem revelar características específicas da apropriação dos gêneros literários na escola como também concepções de texto literário e leitura literária que estão sendo reforçadas em uma sala de aula.

As práticas de leitura do texto literário em folhas mimeografadas ou xerocadas e por meio da cópia dele do quadro negro para os cadernos podem ser explicadas. Podemos listar alguns motivos que justificam essas práticas: a necessidade de se trabalhar com textos menores ou fragmentos de textos literários em virtude do pouco tempo para a leitura e realização das atividades de interpretação; a precariedade de funcionamento ou de disponibilização de livros do acervo da biblioteca; a opção do professor por oferecer materiais submetidos a processos de didatização com finalidade de organizar o tempo dedicado à leitura de forma mais segura; etc.

No entanto, é necessário que se considerem quais as habilidades que estão sendo desenvolvidas quando se fazem opções metodológicas dessa natureza. Quando o texto literário é lido no quadro negro, no caderno ou na folha mimeografada, a leitura, sobretudo no processo inicial de formação do leitor, costuma ser em voz alta, ou seja, os alunos juntos lêem oralmente o texto, uma prática muito comum nesse período da escolarização. Para os professores, a leitura oral é importante para que se alcance o ritmo e a fluência, contudo, essa prática, muitas vezes, se sobrepõe à leitura individual e silenciosa de um texto e reforça a falsa concepção de que, para compreender um texto – é preciso ler sempre em voz alta. Leitura que se confunde com avaliação dependendo do modo como é conduzida.

Sabemos que o texto literário na escola precisa se adequar ao tempo e à organização do espaço escolar para ser um objeto de ensino e aprendizagem (SOARES, 1999). Por isso, assim como outros gêneros textuais, ele encontra-se articulado a componentes curriculares de Língua Portuguesa como a leitura, os conhecimentos lingüísticos e a produção de textos. A leitura da literatura não só divide os tempos e espaços com esses componentes como também dialoga com os seus conteúdos. Ela pode ser usada para o processo de ensino e aprendizagem que envolve aspectos da linguagem, mas deve também garantir que se conjuguem essas atividades às possibilidades de leitura da literatura no suporte livro. A interação com o livro é necessária ao letramento literário que envolve o conhecimento das características materiais do objeto, aspectos paratextuais que remetem à autoria, à editora, ao projeto gráfico que institui o diálogo entre as imagens e o texto verbal, enfim, a uma série de aspectos passíveis de serem experimentados somente com o contato direto com o livro.

Para ilustrar a questão das possibilidades que se abrem quando se lê a literatura no próprio livro, faremos um breve relato de parte de uma pesquisa1 que está sendo realizada em uma turma de primeiro ano do segundo ciclo do ensino fundamental (alunos de 9 anos de idade). Em uma aula, o livro Menina Bonita do Laço de Fita, de Ana Maria Machado, foi usado pela pesquisadora como referência para explicar a organização de informações bibliográficas na capa, na quarta capa e no miolo do livro de literatura. Os alunos queriam saber, sobretudo, onde ficava e qual era a função da ficha catalográfica no livro. A pesquisadora, ao explicar essa função, chamou a atenção para aspectos como a autoria do livro (quem escreveu, como o nome do autor é registrado na ficha catalográfica), a ilustração (quem ilustrou, em que lugar aparece o nome do ilustrador na ficha catalográfica), a editora, a cidade em que foi publicado o livro, o número de edições e o ano da edição. A apresentação desses aspectos despertou o interesse dos alunos que começaram a procurar e a ler as fichas catalográficas de outros livros e a fazer, entre outros, os seguintes questionamentos: essa história pode ser publicada por outra editora? Podemos fazer xerox colorido dessa história? Essa ilustração acompanha a história em outras edições desse livro?

Ao trabalhar a capa e a quarta capa do livro, foram destacados aspectos do projeto gráfico editorial da obra, como o tamanho da fonte do título, o destaque dado ao nome da autora

---

[1] Esta pesquisa está sendo desenvolvida por Paula Cristina de Almeida Rodrigues, como parte do seu projeto de doutorado.

e do ilustrador e a relação da ilustração da capa com o título. Quanto à quarta capa da obra *Menina Bonita do Laço de Fita*, destacou-se um pequeno texto que descreve as características da história, a biografia do ilustrador e os outros títulos da coleção, da qual faz parte a obra.

O processo inicial de análise dos dados dessa pesquisa demonstra o importante papel do professor ao fazer a mediação entre a criança e o livro de literatura. A formação do leitor literário pressupõe que o aluno conheça os elementos que compõem o objeto livro, como os que foram apresentados acima. O leitor precisa saber que existe um projeto estético-literário da obra que o auxiliará na escolha do livro, na leitura do texto e na produção de significados. A apresentação do projeto-gráfico do livro *Menina Bonita do Laço de Fita* despertou o interesse dos alunos para a leitura do texto. Durante a leitura, houve uma preocupação das crianças em relacionar o texto às imagens que, nesse caso, ampliam as possibilidades significativas, sobretudo, por reforçarem o tom de ironia presente na história, o qual se faz por meio do personagem que é um coelho branco que sonhava em ficar pretinho e da beleza da menina negra.

O papel da escola é ensinar os mecanismos de leitura e interpretação que um leitor aciona ao ler um texto. Soares (1999) fala de uma *escolarização adequada da literatura*, na qual os exercícios deverão ter o objetivo de proporcionar a percepção da literariedade do texto e dos recursos de expressão do uso estético da linguagem. Cosson (2006), ao refletir sobre a leitura como o resultado de uma interação e como uma prática social, cita três modos de compreender a leitura que podem ser aplicados durante o processo de ensino e aprendizagem com o texto literário. O primeiro modo, que é chamado de *antecipação* pelo autor, seria a capacidade de o leitor levantar hipóteses sobre o texto antes e durante a realização de sua leitura; essas hipóteses estariam relacionadas, principalmente, aos objetivos da leitura, e podem ser trabalhadas também em relação a aspectos materiais do texto, como a capa, o título, o número de páginas, entre outros. O segundo modo, a *decifração*, consiste na capacidade de decifrar as palavras, as frases e o texto – o leitor menos experiente ou que está no início do processo de alfabetização necessita de um tempo considerável nessa etapa. Já o terceiro modo, a *interpretação*, quando as inferências são ativadas no processamento da leitura, consiste na capacidade de se estabelecerem relações entre o texto e o conhecimento de mundo (COSSON, 2006, p. 40-41). Convém ressaltar, no entanto, que essas etapas a serem cumpridas na interação com o texto literário não supõem uma seqüência em etapas ou fases (por exemplo, primeiro antecipar; segundo, decifrar; para finalmente inferir), como pode parecer. Antes, devem ser entendidas como capacidades que mantêm forte grau de dependência entre si.

A leitura de livros de literatura pode também instituir novos modos de ler na escola. Por ser um objeto de fácil locomoção, o espaço em que acontece a leitura não precisa ser necessariamente a carteira da sala de aula. Os alunos podem ser convidados a se sentarem no chão, em roda, para ficarem mais à vontade. Nesse momento, um clima de descontração é criado e a leitura literária se aproxima da leitura por prazer, por, de certa forma, sugerir protocolos de uma relação mais livre com a leitura.

A escolha dos modos de ler reforça o importante papel do professor. Ao levar um livro literário para a sala de aula, ele deve antes procurar conhecê-lo, para planejar um trabalho a ser realizado que corresponda ao nível e expectativas dos alunos. Além disso, o professor, ao ler a história em voz alta, torna-se um modelo de leitor para as crianças e, conseqüentemente, uma referência com a qual os alunos podem contar. Na biblioteca, durante a escolha do livro a ser lido em casa, é imprescindível que os alunos façam uma leitura atenta, em especial, da capa e quarta capa do livro, já que não é possível ler a história completa no pouco tempo que eles possuem. Também, é importante que saibam identificar autores e/ou ilustradores conhecidos, ou leiam, quando houver, o pequeno resumo da história, ou consigam relacionar as ilustrações que podem estar presentes tanto na capa, quanto na quarta capa com o título da obra. A familiaridade com elementos do projeto gráfico-editorial de um livro de literatura pode auxiliar os alunos nas suas escolhas, que deixam de ser aleatórias, para que passem a considerar não apenas o tamanho do livro, da letra ou o colorido das imagens, mas a autoria do texto e das ilustrações, identificando propostas editoriais, entre outros aspectos.

Outra discussão importante para as reflexões que propomos aqui é o acesso ao livro de literatura, que atualmente pode ser garantido pela existência de políticas públicas de constituição de acervos escolares de literatura infantil. As escolas públicas contam com uma importante política, o PNBE – Programa Nacional de Biblioteca da Escola, mas pesquisas vêm demonstrando que existe um desconhecimento por parte dos professores acerca desse programa, o que aponta a necessidade de sua maior divulgação. Desse modo, é fundamental conhecer os objetivos do PNBE, o seu processo de avaliação, de constituição dos acervos, bem como a distribuição de livros que irá contribuir para o trabalho de leitura que o professor poderá realizar com as obras. Por essa razão, o PNBE constitui o terceiro eixo deste trabalho e é tratado com maiores detalhes, na próxima seção.

Políticas públicas de constituição de acervos escolares de literatura infantil: superando desafios e vislumbrando as possibilidades

O **Programa Nacional de Biblioteca da Escola (PNBE)** – principal política pública para a constituição de acervos de literatura para as bibliotecas escolares de escolas públicas do país – foi instituído em 1997 e tem como objetivo principal democratizar o acesso a obras de literatura infantojuvenis brasileiras e estrangeiras e a materiais e pesquisas de referência para professores e alunos das escolas públicas brasileiras. Esse Programa é executado pelo Fundo Nacional de Desenvolvimento da Educação – FNDE – em parceria com a Secretaria de Educação Básica do Ministério da Educação – SEB/MEC.

Ao longo da história do Programa, a distribuição dos livros de literatura tem sido realizada por meio de diferentes ações: em 1998, 1999 e 2000, os acervos foram enviados para as bibliotecas escolares; em 2001, 2002 e 2003, o objetivo era que os alunos tivessem acesso direto às coleções para uso pessoal e também levassem obras representativas da literatura para seus familiares – por isso essas edições do programa ficaram conhecidas como *Literatura em Minha Casa*.

A partir de 2005, o PNBE retomou a distribuição de livros de literatura para as bibliotecas escolares, nesse ano, com foco nas bibliotecas de escolas públicas de 1ª a 4ª série do Ensino Fundamental. Tal ação significou a retomada da valorização da biblioteca, como espaço promotor da universalização do conhecimento e, também, da universalização do acesso a acervos pelo coletivo da escola. Em 2007, dando prosseguimento a essa ação, foram distribuídos livros de literatura para as escolas públicas de 5ª a 8ª série. Em 2008, as escolas das séries/anos iniciais do Ensino Fundamental e instituições de Educação Infantil estão sendo contempladas.

No PNBE/2008, o segmento Educação Infantil foi incluído, pela primeira vez, para receber acervo específico. Constatou-se, na avaliação, que a quantidade de livros em prosa inscritos pelas editoras é muito superior a de inscritos nas duas outras categorias (verso e imagem e história em quadrinhos), o que permite supor que a produção de livros para a Educação Infantil vem privilegiando, de forma significativa, a prosa.

Sob determinado aspecto, essa predominância da prosa entre os livros inscritos é positiva: é fundamental que a criança, na etapa da Educação Infantil, quando está começando a se inserir de forma sistemática no mundo da escrita, vivencie com freqüência e intensidade o texto em prosa, para que, além de imergir no mundo do imaginário e da fantasia dos contos e narrativas, e também no mundo da informação, vá construindo o conceito de sistema alfabético e o conhecimento dos usos e funções da escrita. Entretanto, surpreende a inscrição de número tão pequeno de livros de imagem, que muito atraem crianças ainda não-alfabetizadas ou ainda em processo inicial de alfabetização e são importantes para proporcionar o prazer de manusear e "ler" pessoalmente livros – o que confronta com a leitura do livro em prosa que, quase sempre, demanda a mediação da professora; propiciar o conhecimento das convenções do ato de leitura (entre outros, a identificação da capa de um livro, da direção do movimento de passar páginas, da postura correta para ler, do modo adequado de segurar o livro) e desenvolver conceitos e operações cognitivas que são fundamentais também para a leitura verbal (como os conceitos de título, autor, a identificação das relações entre uma imagem e outra, a percepção da estrutura narrativa), conforme se mostrou no tópico anterior. Seria de se esperar, também, um número maior de inscrições de livros em verso, já que poesia, parlendas, trava-línguas e cantigas têm um papel importante na Educação Infantil, pois propiciam, talvez mais que a prosa, nessa etapa da formação de leitores, o desenvolvimento da recepção estética, quando enfatizam o aspecto lúdico e exploram os elementos sonoros da língua.

É importante ressaltar que, no processo de constituição dos acervos do PNBE, apesar da predominância de inscrições pelas editoras de livros em prosa, houve uma preocupação em garantir a presença de livros com textos em versos (poemas, quadras, parlendas, cantigas, trava-línguas, adivinhas), em prosa (pequenas histórias, novelas, contos, crônicas, textos de dramaturgia, memórias, biografias), livros de imagens e livros de histórias em quadrinhos (agrupamento que inclui obras clássicas da literatura universal, artisticamente adaptadas ao público da Educação Infantil e das séries iniciais/anos iniciais do Ensino Fundamental).

O PNBE já incorporou, em seu processo de avaliação, critérios de seleção que colocam em discussão as especificidades da produção no campo da literatura infantil. Pela via da qualidade, são apresentadas três variantes que se requer de uma produção para crianças e jovens: *a qualidade textual*, que se revela nos aspectos éticos, estéticos e literários, na estruturação narrativa, poética ou imagética, numa escolha vocabular que não só respeite mas também amplie o repertório lingüístico de crianças na faixa etária correspondente à Educação Infantil; *a qualidade temática*, que se manifesta na diversidade e adequação dos temas, no atendimento aos interesses das crianças, aos diferentes contextos sociais e culturais em que elas vivem e o nível dos conhecimentos prévios que possuem; *a qualidade gráfica*, que se traduz na excelência de um projeto gráfico capaz de motivar e enriquecer a interação do leitor com o livro: qualidade estética das ilustrações, articulação entre texto e ilustrações e uso de recursos gráficos adequados às crianças na etapa de inserção no mundo da escrita.

Além desses critérios, tanto em processos de composição de acervos para bibliotecas escolares quanto na seleção de obras para serem trabalhadas com as crianças no início do processo de alfabetização, leva-se em conta, também, a escolha de obras que apresentem diferentes níveis de dificuldades, de modo a atender a crianças em diferentes níveis de compreensão dos usos e funções da escrita e da aprendizagem da língua escrita, o que possibilita formas diferentes de interação com o livro: a leitura autônoma pela criança (de livros só de imagens, de livros em que a imagem predomina sobre o texto, reduzido este a poucas palavras) e a leitura mediada pelo professor.

Assim, quando falamos do deslocamento provocado pela literatura infantil em função de seus usos escolares, especificamente no processo de alfabetização de crianças, não se deve tomar essa posição no sentido de um número determinado de procedimentos invariáveis a serem utilizados na seleção e nas práticas de leitura literária. Não compreender, isto é, arriscar a nada compreender do processo de letramento literário que se pretende: o que caracteriza o trabalho com a literatura é a manifestação da multiplicidade de sentidos que o texto literário pode gerar, garantindo a mobilidade de interpretação nas práticas de leitura em que a leitura se realiza. Os sucessivos deslocamentos e aproximações com a prática pedagógica, com o processo de alfabetização não atestam, portanto, uma insuficiência, nem uma falta de estatuto literário da literatura infantil: assinalam, antes, a dimensão provisória de uma adequada e necessária escolarização da literatura infantil, assumida e refletida pelo compromisso de democratização da leitura literária e, mais, pela intensificação do processo de letramento literário.

Diante de todas essas questões relacionadas ao processo de leitura de um texto literário, concluímos que os procedimentos didáticos precisam ser pensados de maneira que a formação do leitor seja garantida. Ressaltamos ainda o importante papel do professor no processo de democratização da leitura literária, proporcionando aos alunos o acesso aos livros que estão chegando às bibliotecas escolares.

Referências

AGUIAR, V. T. Leitura Literária e Escola. In: EVANGELISTA, A. et al. (Org.). *A escolarização da literatura: o jogo do livro infantil e juvenil*. Belo Horizonte: Autêntica, 1999.

BRASIL. Ministério da Educação. Secretaria de Educação Básica. *Programa Nacional Biblioteca na Escola.* Disponível em: <http://portal. mec.gov.br/seb/index.php?option=content&task=view&id=371>.

COSSON, R. *Letramento literário: teoria e prática.* São Paulo: Contexto, 2006.

ECO, U. *Seis passeios pelos bosques da ficção.* São Paulo: Companhia das Letras, 1994.

FRADE, I. C. S. Alfabetização hoje: onde estão os métodos? *Presença Pedagógica,* Belo Horizonte, v. 9, n. 50, mar./abr. 2003.

MARTINS, A. Livros didáticos de português: ciência? arte? In: PAULINO, G.; COSSON, R. (Org.). *Leitura literária: a mediação escolar.* Belo Horizonte: Faculdade de Letras da UFMG, 2004.

MARTINS, A. *et al.* (Org.). *A escolarização da leitura literária: o jogo do livro infantil e juvenil.* Belo Horizonte: Autêntica, 1999. (Coleção Literatura e Educação).

PAIVA, A. *Literatura e letramento: espaços, suportes e interfaces. O jogo do livro.* Belo Horizonte: Ceale/Autêntica, 2003. (Coleção Linguagem e Educação).

PAIVA, A. *et al. Democratizando a leitura: pesquisas e práticas.* Belo Horizonte: Ceale/Autêntica, 2004. (Coleção Linguagem e Educação).

PAIVA, A. *et al. Leituras literárias: discursos transitivos.* Belo Horizonte: Ceale; Autêntica, 2005. (Coleção Linguagem e Educação).

PAIVA, A. *et al.* (Org.). *No fim do século: a diversidade – O jogo do livro infantil e juvenil.* 2. ed. Belo Horizonte: Autêntica, 2003. (Coleção Literatura e Educação).

PAIVA, A.; MACIEL, F. Discursos da paixão: a leitura literária no processo de formação do professor das séries iniciais. In: PAIVA, A. *et al.* (Org.). *Leituras literárias: discursos transitivos.* Belo Horizonte: Ceale/ Autêntica, 2005.

PAULINO, G. (Org.). *O jogo do livro infantil.* Belo Horizonte: Dimensão, 1997.

SOARES, M. B. A escolarização da literatura infantil e juvenil. In: EVANGELISTA, A. *et al.* (Org.). *A escolarização da literatura: o jogo do livro infantil e juvenil.* Belo Horizonte: Autêntica, 1999.

SOARES, M. B. *Letramento: um tema em três gêneros.* 2. ed. Belo Horizonte: Autêntica, 2000.

ZILBERMAN, R. *A literatura infantil na escola.* 11. ed. São Paulo: Global, 2003.

As autoras

Aparecida Paiva
Doutora em Literatura Comparada pela FALE/UFMG, professora do Programa de Pós-Graduação da FaE/UFMG e pesquisadora do Ceale/FaE/UFMG.

Ceris S. Ribas da Silva
Doutora em Educação, professora do programa de Pós-Graduação em Educação da FaE/UFMG, pesquisadora do Ceale/FaE/UFMG.

Delaine Cafiero
Doutora em Lingüística pela Universidade Estadual de Campinas, professora do Programa de Pós-Graduação da FALE/UFMG e pesquisadora do Ceale/FaE/UFMG.

Francisca Izabel Pereira Maciel
Doutora em Educação, professora do programa de Pós-Graduação em Educação da FaE/UFMG, pesquisadora do Ceale/FaE/UFMG.

Gladys Rocha
Doutora em Educação, professora do programa de Pós-Graduação em Educação da FaE/UFMG, pesquisadora do Ceale/FaE/UFMG.

Iara Silva Lúcio
Mestre em Educação pela FaE/UFMG, professora da Rede Municipal de Contagem e Belo Horizonte e pesquisadora do Ceale/FaE/UFMG.

Luciana Prazeres da Silva
Mestre em Educação pela FaE/UFMG, professora da Escola Fundamental do Centro Pedagógico da UFMG e pesquisadora do Ceale/FaE/UFMG.

Maira Tomayno de Melo Dias
Bolsista de Iniciação Científica – PROBIC/FAPEMIG, da pesquisa "Incluindo diferentes alunos na sala de aula de alfabetização de crianças e adultos: semelhanças e diferenças", coordenada pela professora Maria de Fátima Cardoso Gomes.

Maria de Fátima Cardoso Gomes
Doutora em Educação, professora do programa de Pós-Graduação em Educação da FaE/UFMG, pesquisadora do Ceale/FaE/UFMG.

Maria Lúcia Castanheira
Doutora em Educação com ênfase em Linguagem, Cultura e Letramento pela University of California, Santa Barbara, professora do Programa de Programa de Pós-Graduação da FALE/UFMG e pesquisadora do Ceale/FaE/UFMG.

Paula Cristina de Almeida Rodrigues
Doutoranda em Educação do Programa de Pós-Graduação da FaE/UFMG, e pesquisadora do Ceale/FaE/UFMG.

Raquel Márcia Fontes Martins
Doutora em Lingüística pela FALE/UFMG e pesquisadora do Ceale/FaE/UFMG.

Qualquer livro do nosso catálogo não encontrado nas livrarias pode ser pedido por carta, fax, telefone ou pela Internet.

Rua Aimorés, 981, 8º andar – Funcionários
Belo Horizonte-MG – CEP 30140-071

Tel: (31) 3222 6819
Fax: (31) 3224 6087
Televendas (gratuito): 0800 2831322

vendas@autenticaeditora.com.br
www.autenticaeditora.com.br

Este livro foi composto com tipografia Minion e impresso em papel Off Set 75 g. na Segrac editora gráfica.
